novum pro

AF154621

Gerd Glaser

DAS COMEBACK DER DDR

novum pro

Bibliografische Information
der Deutschen Nationalbibliothek:

Die Deutsche Nationalbibliothek
verzeichnet diese Publikation in
der Deutschen Nationalbibliografie.
Detaillierte bibliografische Daten
sind im Internet über
http://www.d-nb.de abrufbar.

Alle Rechte der Verbreitung,
auch durch Film, Funk und Fernsehen,
fotomechanische Wiedergabe,
Tonträger, elektronische Datenträger
und auszugsweisen Nachdruck,
sind vorbehalten.

Gedruckt in der Europäischen Union
auf umweltfreundlichem, chlor- und
säurefrei gebleichtem Papier.

© 2025 novum publishing gmbh
Rathausgasse 73, A-7311 Neckenmarkt
office@novumverlag.com

ISBN 978-3-7116-0253-4
Lektorat: Mag. Angelika Mählich
Umschlaggestaltung, Layout & Satz:
novum Verlag
Innenabbildungen: Michael Bergemann,
SPD Brandenburg
Autorenfoto: Michael Bergemann

Die vom Autor zur Verfügung gestellten
Abbildungen wurden in der bestmög-
lichen Qualität gedruckt.

www.novumverlag.com

Inhaltsverzeichnis

Vorbemerkung

Jetzt brechen sie alle wieder in Jubelstürme aus, singen das Hohelied auf die deutsche Wiedervereinigung, überall Grußreden, loben den Zusammenhalt der beiden deutschen Staaten und sehen im Zusammenwachsen die Chance für ein dynamisches Deutschland der Zukunft: 30 Jahre nach der Wende wird eine Einheit Deutschland gefeiert, die es in der Realität nur in den Träumen und Phrasen irgendwelcher bestellter Festredner gibt. Die Wirklichkeit sieht völlig anders aus. Wir erleben ein zerrissenes Volk und viele Menschen in Ost und West, die nach wie vor eine Mauer im Kopf haben. Das Empfinden der Menschen unterscheidet sich bei der Mehrheit sehr deutlich und spiegelt sich letztlich auch in den sehr stark differierenden Wahlergebnissen in Ost und West nieder. 30 Jahre Einheit haben die beiden Deutschlands kaum nähergebracht, warum das so ist und wieso sich das kaum verändert hat, versucht der Autor aufgrund eigener Erlebnisse auf manchmal überzeichnende, ironische Weise aufzuzeigen, immer nah am Menschen erzählt. Fernab aller Statistiken, Einkommensstrukturen und tabellarischer Bilanzen sowie Rentenniveauentwicklung zeigt das vorliegende Buch: Die DDR ist niemals untergegangen.

1.

Die Ankunft in Brandenburg
und Jobbeginn als Chefredakteur

Es war ein neblig trüber Oktobertag im Jahr 2010, mit dem Regionalzug fahre ich in Brandenburg an der Havel in den Hauptbahnhof ein. Der Grund meiner Ostreise, ich, der Wahl-Münchner, soll mich als Bewerber für den Chefredakteursposten des privaten brandenburgischen Lokal- und Regionalsenders SKB vorstellen. Auf was habe ich mich da nur eingelassen, durchzuckte es mich, als ich den maroden Bahnhof in Brandenburg erblickte und die verfallene Bahnhofsgegend sah. So was kann man doch niemandem zumuten, außer vielleicht irgendwelchen Regisseuren, die auf der Suche nach verfallenem Gemäuer eine Neuauflage von Stalingrad drehen wollen. Das war mein erster Gedanke: eine andere Welt, und das, obwohl die Einheit doch schon vor 20 Jahren verkündet wurde. Mit dem Taxi ging's in eine Pension, direkt an der Havel, schöne Natur, die hatte ich vorher schon pflichtbewusst im Internet ausgewählt: eine hochinteressante Stadt, war mein Eindruck, aber die schönsten Hauser im Zentrum verfaulten vor sich hin, umgeben von herrlich aufgehübschten Bürgerhäusern. Warum aber, wird der geneigte Leser fragen, hat es mich überhaupt in diese brandenburgische Provinz verschlagen? Nun dafür gab es eigentlich zwei Gründe. Erstens war ich auf Jobsuche und zweitens hatte mich Ostdeutschland und das SED-Regime schon immer fasziniert. Sollte ich hier vielleicht noch jemanden finden, der bei der Stasi war, nicht auszudenken, so was noch zu erleben, die Suche nach noch lebenden Gestapo-Männern in München wäre wohl zwecklos gewesen, bestand aber hier noch die Hoffnung, lebendigen

Exemplaren einer Spezies von deutschen Übeltätern plötzlich gegenüberzustehen. Wie würde ich reagieren, als ein Journalist, der bisher höchstens bei der Wehrmachtsausstellung in München oder im Museum diktaturgläubige Mithelfer erlebt habe.

Nein, solch ein Staat, so ein System war nichts für mich. Klar, auch wir mussten in Schule und Uni manche Meinung nachsingen, um weiter im Karrierespiel zu bleiben, aber Knast, Studienverbote und dergleichen gab es natürlich nicht. Und Reisebeschränkungen undenkbar für meine Generation: Es ging an einem nicht vorüber, dass Biermann, Bahro, Havemann für ihre Meinung drangsaliert wurden, man las es, aber wichtiger waren die eigenen Karriereziele. Anpassung würde ich es nicht nennen, wenn es immer ein wenig nach oben ging. Der Ehrgeiz war einfach da, Hürde für Hürde zu nehmen, auch wenn es steinig war. Zeit zum Verweilen gab es nicht, immer höher, immer weiter, DSF, ProSieben, Welt der Wunder und dann mit 50 im Karriereloch: plötzlich raus aus den materiellen Freuden des Westens, kein glamouröser Journalistenjob mehr, so ein Fall ist tief, Freunde rufen dich nicht mehr an, waren das überhaupt Freunde und Helfer in der Not: Fehlanzeige. Da fragt man sich, wie soll es weitergehen, was willst du eigentlich noch im Leben. Als Journalist was Neues entdecken oder was Altes, etwas in die Geschichte der DDR eintauchen, die Menschen dort kennenlernen, das war nochmal was, und dann las ich diese Anzeige: Redaktionsleiter im Osten gesucht und war wieder motiviert. Das konnte es sein, den anderen Teil Deutschlands studieren, was ist da anders gelaufen, wie denken die Menschen dort? Das packte mich und ich wollte den Job, so wie ich früher unbedingt als Reporter zu einer großen Fernsehanstalt wollte und es auch geschafft habe. So stehe ich nun in Brandenburg und laufe zitternd nach einer in der Pension verbrachten Nacht durch die Stadt. Was erwartet mich nun, kann ich überhaupt punkten, wenn ich mich vorstelle, lautete die bange Frage. Ein Assessment sollte ich über mich ergehen lassen. Neumodisch sind sie auch schon, wenn sie so ein Verfahren für die Auswahl der Bewerber wählen, waren die Gedanken, die mir durch den Kopf schossen.

Mein Zustand war genauso holprig wie das Kopfsteinpflaster, über das ich ging. Jetzt bloß nicht angeben, was für ein toller Hecht du bisher warst, war meine Überlegung. Wollen die überhaupt einen Wessi, und haben die nicht schon längst einen anderen Kandidaten im Visier, waren meine Befürchtungen. Was ich wusste, war, dass der Chef des Unternehmens ein hochdekorierter Ingenieur in der DDR war, der neben dem Fernsehsender noch ein Traditionsunternehmen aus der ehemaligen DDR führte. Das beruhigte. Beim Gespräch zeigte sich, dass sich der Unternehmer sehr wohl mit der deutschen Medienlandschaft auskannte, aber selbst auch enttäuscht von der Entwicklung der Medien nach der Wende war. Eine hochkompetente Persönlichkeit, die es mir aber leicht machte: Er wollte frischen Wind in die Landschaft bringen und das Alte hinter sich lassen. Das gefiel mir. Wir entdeckten Gemeinsamkeiten im Laufe des Gesprächs und so musste ich nicht lange warten, bis ich von ihm grünes Licht für mein Abenteuer Ostdeutschland bekam.

Wenn jemand im Westen aufgewachsen ist und zur Schule gegangen ist, hörte man ja immer nur eines: Du musst was werden, du musst besser sein als die anderen und dich in der Welt des freien Marktes durchsetzen. Dann hast du alle Chancen und findest auch einen tollen Job: Nun ja, das wird einem mit der Muttermilch eingeimpft und das setzt man dann auch um, wenn man Karriere machen will und was anstrebt: Mit 12 Jahren beschloss ich, Radiomoderator zu werden, grölte sonntags, wenn die Eltern wandern waren, im Wohnzimmer Moderatorentitan Dieter Thomas Heck nach und imitierte die Moderatoren von Radio Luxemburg mehr schlecht als recht. Meinen schwäbischen Akzent, was gebürtige Stuttgarter kaum hinkriegen, verlor ich dadurch und tatsächlich, es gelang: Schon während meines Studiums saß ich dann am Radiomikrofon professioneller Rundfunkanstalten. Die Botschaft hatte sich bei mir eingefressen, im Westen kann man alles erreichen. An die Menschen in der DDR dachte man zu dem Zeitpunkt kaum noch, wurde einem doch suggeriert, ob in Familie, Schule oder Beruf, die leisten nichts und die Menschen leiden dort unter Unfreiheit. Ein Beispiel krasser Art musste ich leider selbst erleben, als ich mit 17 Jahren auf einer Studienfahrt mit Aktion Sühnezeichen in polnische KZs im Bus von oberpflichtmässigen Grenzern gefilzt wurde. Es gab reiche Beute für die eifrigen Staatsschützer: Sie erwischten mich mit einer Ausgabe des *Spiegel*, der über Moskaus Rüstungswahnsinn eine Titelgeschichte verfasst hatte. Mehrere Stunden wurde ich festgehalten, der Bus durfte nicht weiterfahren. Nach Verhör und zeitweise Isolationshaft wurde ich kleingemacht von meinen Landsleuten aus dem Osten und belehrt. Bekehrt aber nicht. Sie brachten es fertig, mir einen zerfetzten *Spiegel* zurückzugeben, aus dem sie die in ihren Augen zersetzende Story über Moskaus Rüstungswahn herausgerissen hatten, plus weitere Artikel, die ihrer Meinung nach das System der DDR beschädigen würden. Ein Überbleibsel von Papierschnitzeln gaben sie mir zurück. Welch ein Hohn, damit war eigentlich mein Bedarf DDR erst einmal gedeckt.

Begeistert über mein Ossi-Abenteuer war in München niemand: Ehemalige Kollegen rieten mir sogar ab. Ich hörte Kommentare, wie, das würde ich nie machen, dahinzugehen, dann lieber noch mich als freier Journalist hier durchschlagen, wurde mir entgegengeschleudert.

Begeistern konnte ich mit meinem neuen Job niemanden. Sofort merkte ich, die Vorurteile gegen die Ostdeutschen waren allesamt noch da, und was mich regelrecht schockte: Keiner meiner Freunde, Bekannten und Kollegen wäre so flexibel gewesen, mal in den Osten zu ziehen und ein anderes Kapitel Deutschlands aufzuschlagen. Das waren doch auch Journalisten, wo blieb deren Neugier, ach ja, man hatte es sich ja bequem eingerichtet und betrachtete München als den Nabel der Welt. Manche gaben sogar damit an, wie viel Miete sie im Monat bezahlen mussten, damit jeder merkte, wie gut es ihnen ging. Meine Welt war das nicht mehr, manchmal tun ein paar Monate Arbeitslosigkeit auch ganz gut, dann denkt man neu über das Leben nach. Meine Frau war erst mal froh, dass ich wieder einen neuen Job hatte, und unterstützte meinen Transfer in den Osten, suchte die Wohnung, eilte dann aber sofort wieder nach München, wo nach Beendigung ihres Studiums ein gutbezahlter Job auf sie wartete. Nun war ich also angekommen in Brandenburg und wurde dann als neuer Leiter der Redaktion meinen Mitarbeitern vorgestellt. Die Begeisterung über den neuen Chef hielt sich in Grenzen, ja, ich spürte eher Ablehnung, in mir schlich sich sogar ein Gefühl hoch, ja, so empfand ich es, als würde hier ich tatsächlich nur stören. Formatierung, ja, eine ernstzunehmende Struktur kannte der Laden nicht, war seit 1996 am Senden, warum eigentlich? Den Grund erfasste ich dann schnell. Der Eigner des Unternehmens, der kluge Ingenieur, war mit der Oberbürgermeisterin verheiratet, beide CDU-Mitglieder und natürlich half es, wenn das Fernsehen immer wieder frische Bilder von ihr servierte, um ihren Bekanntheitsgrad zu steigern.

So wurde aus der ehemaligen Bauunternehmerin eine Oberbürgermeisterin, die Karriere machte und sich auch zu verkaufen wusste.

Aber was waren meine Gedanken? Erneut, wie so oft im Osten, wo bist du denn hier schon wieder hineingeraten? Gibt's denn so was: Mein Chef besitzt einen Fernsehsender und seine Gattin ist Oberbürgermeisterin. Soll ich jetzt sofort wieder packen, ist meine journalistische Unabhängigkeit in Gefahr, all diese Fragen schossen mir natürlich durch den Kopf. Was sollte ich nur tun, erstmal abwarten und die Lage sondieren, dachte ich mir, und das Ganze näher anschauen.

Der Redaktion war ohnehin alles gleichgültig, die machten das, was man ihnen an Themen vorgab, setzten es mal nach Lust und Laune liebevoll um oder auch lieblos, wie sie gerade drauf waren. Impetus und Motivation: Fehlanzeige. Nur eine Kollegin, die moderierte und früher selbst die Redaktion führte, zeigte echtes journalistisches Interesse, doch die war inzwischen kaltgestellt.

Nicht ganz ohne Grund: Die nette, hübsche, junge Dame hatte eines Nachts mit einem guten Bekannten eine Horrorautofahrt in der Innenstadt hingelegt: das Resultat: Sie war mit dem Fahrzeug in eine In-Pizzeria reingefahren, diese wurde demoliert und die beiden hatten danach Fahrerflucht begangen. Klar, dass sie dadurch Stadtgespräch wurde, sie war die Ikone des Senders. Wie schon erwähnt, die anderen Kollegen, bis auf einen freien Sportreporter, interessierte es null, woher ich kam. Die hätten es auch regungslos akzeptiert, wenn ich aus Wladiwostok gekommen wäre, keiner bis auf die Dame mit der unglücklichen Autofahrt sprach mich auf meine bisherigen Erfahrungen an. Daran muss man sich erst einmal gewöhnen. Wenn bei ProSieben ein neues Gesicht auftauchte, hatte der Flurfunk Hochkonjunktur und jeder wollte wissen, was der oder die vorher gemacht hat. Da wurde jedes Detail recherchiert, hier war's anders, nun gut, ich selbst wunderte mich zwar, aber hatte ja auch anderes zu klären. Die Frage wurde für mich spannend: Kann ich hier noch unabhängig arbeiten oder bin ich nicht gleichzeitig Pressechef der Oberbürgermeisterin?

Doch es gelang ihr sogar gegen breiten Widerstand, das vergammelte und völlig heruntergekommene Bahnhofsviertel zu sanieren. Heute ist es ein würdiges Tor zur Stadt, ein völlig restaurierter Hauptbahnhof lädt die Gäste ein, ein modernes Gesundheitszentrum hübscht das ganze Bahnhofsgelände auf.

In der folgenden Stadtverordnetenversammlung war in der Tagesordnung eine persönliche Erklärung eines unabhängigen linken Angeordneten angemeldet.

Während der Sitzung sickerte durch, dass es dabei um meine Person gehen sollte, eigentlich verwunderlich, denn ich gehörte diesem ehrenwerten Hause doch gar nicht an. Es kam, wie es kommen sollte. Der schwergewichtige Stadtverordnete ging beim Punkt *Öffentliche Erklärungen* schwer schnaufend ans Rednerpult und fing an zu poltern.

Wie ich dazu kommen würde, diese ehrwürdige Versammlung und auch ihn so zu kritisieren, das ginge ja gar nicht, eine Medienschelte vom Allerfeinsten lieferte der werte Herr da ab.

Ich konnte nur noch BAUKLÖTZE STAUNEN, WAS HIER MÖGLICH IST: Keiner der anderen Stadtverordneten empörte sich oder stoppte seinen Redeschwall gegen die freie Presse. Doch dann lief er zur Hochform auf: Er sprach die Oberbürgermeisterin direkt an und forderte diese auf, ihren Einfluss geltend zu machen, damit ich entlassen werden kann. Wörtlich schwadronierte er ins Mikrophon: Sie, Frau Oberbürgermeisterin, haben doch gute Kontakte zum Chef dieses sogenannten Journalisten, sorgen Sie dafür, dass er rausgeworfen wird.

Es folgte keine Entrüstung für diese Idee in dieser Kammer, nein, man ging auseinander, als sei nichts gewesen. In der linksorientierten Tagespresse wurde dieser Vorfall übrigens mit keiner Zeile erwähnt.

Nach HAUSE, DAS war München für mich ja eigentlich immer noch, funkte ich diese Nummer natürlich sofort: Meine Frau bat mich, den Job sofort aufzugeben und zurückzukehren; ehemalige Kollegen meinten, wir haben es dir doch gleich gesagt, das ist ja der Wahnsinn, so was kann man doch nicht aushalten. Ein guter Freund, der auch Journalist ist, merkte an, das Ganze erinnere ihn an finstere Jahre, zu DDR-Zeiten wurde ja auch sofort den BRD-Korrespondenten in Ostberlin nach einem kritischen Bericht die Akkreditierung entzogen. Lothar Loewe lässt grüßen. Doch personelle Konsequenzen gab es für mich keine, stand ich doch unter dem Schutz des Medienpatriarchen, der sich Ewiggestrigen mit einem sehr bekannten Medienanwalt in Position gebracht hatte.

Das war auch nötig und wurde in den folgenden Jahren noch wichtiger; denn das Linksbündnis ließ nicht locker. Besonders in den weiteren Stadtverordnetenversammlungen ging es weiter heiß her. Als ich wegen der unerträglichen Monologe bei einer Sitzung ein wenig einnickte, hatte ein sozialdemokratischer Stadtverordneter nichts Besseres zu tun, als diese Momentaufnahme fotografisch für die Ewigkeit festzuhalten. Doch nicht genug damit. Er jubelte das Foto auch noch einem Redakteur des stadtbekannten Wochenblattes unter, der es prompt online veröffentlichte.

Erst nach stundenlanger Intervention beim Verleger in Köln konnte ich verhindern, dass das fotografische Dokument auch noch in der Printausgabe Platz fand.

Es wurde noch gruseliger, auf Antrag einiger linker Stadtverordneter wurde mein Ausschluss als Berichterstatter in der

SVV vorbereitet. Sie hatten erkannt, dass bereits ein einziger Abgeordneter laut der Geschäftsordnung Ton und Bildaufnahmen verhindern kann. Diese unglaubliche, völlig undemokratische Satzung benutzten sie dann, um meinen Kameramann in der nächsten Sitzung aus dem Saal zu jagen. Dass ich dann auch ging und mich mit dem Kollegen solidarisierte, versteht sich von selbst.

Inzwischen ist diese Satzung in der ursprünglichen Form nicht mehr existent, man braucht eine Mehrheit der Stadtverordneten für den Ausschluss von Ton- und Bildaufnahmen, aber bis heute gibt es mindestens vier verbohrte Stadtverordnete, die Sitzung für Sitzung den Arm gegen die Pressefreiheit erheben.

Dass ich nach solchen Maßnahmen der sozialistischen Einheitsfront plötzlich kein Problem mehr damit hatte, dem Kurs der Oberbürgermeisterin zu folgen, das wird sicher ein Großteil der Leser verstehen. Zumal sie es auch nicht leicht hatte: Sie musste sich ständig neue Mehrheiten suchen, um ihre Politik der Stadtentwicklung durchzubekommen.

Meine Aufgabe war vom Chef klar umrissen, die Medienlandschaft in der Brandenburger Region bis nach Potsdam zu verändern. Ein besonderes Ärgernis in seinen Augen war die örtliche Tageszeitung, die Märkische, die völlig einseitig im Sinne der rot/roten Regierung infiltrierte. Das passte dem Medienunternehmer nicht, zumal auch seine Frau von dieser Presse ständig niedergemacht wurde. Zunächst einmal interessierte mich, was ist das für eine Frau, die vom Unternehmertum die höchsten Weihen der Kommunalpolitik erklommen hat. Ihr eilte ein Ruf wie Donnerhall voraus. Die Herzen der Brandenburger eroberte sie dadurch, wurde mir geschildert, dass sie ein Loch am Neustädtischen Markt, eine bundesweit bekannte Drecksöffnung, die hier monatelang wegen einer erhofften Investition ein Schandfleck war, eigenhändig zumachte. Sie besorgte als Bauunternehmerin den notwendigen Sand, scharte ein paar Getreue um sich und machte das Loch eigenhändig zu. Schwupps, ein Jahr später war sie Oberbürgermeisterin. Sehr zum Unwillen der DDR-Verklärer und Sozen, die plötzlich in der roten Stadt Brandenburg eine CDU-Frau als Stadtchefin ertragen mussten. Ein Schock auch für die rot/rote Regierung in der Landeshauptstadt. Die Frau sollte denen in Potsdam noch weiteren Kummer bereiten. Dazu später. Also das gefiel mir schon mal, denn spektakuläre Aktionen haben mich schon immer fasziniert. Für mich als Wessi war es ohnehin unverständlich, dass eine Partei, die für das Unrecht in der DDR mitverantwortlich war, hier sogar mit in der Landesregierung saß. Zur Vorbereitung auf diese Partei hatte ich mich schon mal in München in Sitzungen dieser Partei hineingeschmuggelt, viel kam dabei nicht heraus, ziellose Menschen, die ins Leere diskutierten und gerade mal zwei Prozent holten. Das war hier natürlich ganz anders, die Linken waren eine Macht, regierten und warnten vor dem Westen. Es sollte alles noch schlimmer kommen: Meine neue Aufgabe war festgezurrt: Berichterstatter aus der Stadtverordnetenversammlung für den TV-Sender: Hatte ich vorher noch Illusionen, dass ich aus der Urzelle der Demokratie, dem Kommunalparlament berichten kann, wurde ich bei meinem ersten Reportereinsatz in die dunkelsten Zeiten des Sozialismus zurückgeworfen. Man schrieb das Jahr 2010, und ich war geradezu schockiert: Hier saßen Leute, die mich an die Volkskammer der DDR erinnerten, jedenfalls an das, was ich über die antidemokratische Volkshölle mit seinen Stalinisten gelesen hatte. Argumente aus längst vergangenen Zeiten, eine Sprache, die ich als totalitär empfand. Einige wenige sonderten sich ab, darunter die Oberbürgermeisterin, die immer wieder versuchte, pragmatisch für Lösungen zu kämpfen. Verständlich, dass ich mit Argwohn betrachtet wurde, ich war neu und was würde ich schreiben?

Nach einer Nacht eines Traumas verfasste ich meine Zeilen am nächsten Tag in der Redaktion. Kapieren wollte ich einfach nicht, dass man eine dringend notwendige Schulsanierung nicht in Angriff nehmen will, nur weil man dazu private Kredite aufnehmen muss. Für die linken Kräfte, die in dieser SVV saßen, war es egal, dass es in die Schulräume reinregnete, Hauptsache, man lehnt westliche kreditwirtschaftliche Hilfen ab. Mein Kommentar donnerte regelrecht rein. Aufstand, Empörung, wie kann dieser Westjournalist uns nur kritisieren. Bei Social Media, Facebook liefen die ersten Schreiber gegen mich heiß. Doch das Härteste sollte noch kommen: Die kommende Stadtverordnetenversammlung zeigte, dass 2010 die Demokratie immer noch nicht angekommen ist, und das immerhin 20 Jahre nach der Wende.

In der Redaktion ging es mit anderen Themen weiter. Leider gingen fast alle Ideen von mir aus, weil die Mitarbeiter wenig Motivation zeigten, Vorschläge zu machen. Das bedauerte ich sehr, kannte das von ProSieben und anderen Redaktionen, in denen ich gearbeitet habe, ganz anders. Doch es gab auch Ausnahmen, ein Kollege aus der Medienproduktion, der mir anfangs eher feindselig gegenüberstand, näherte sich meinen Vorstellungen an und lieferte umsetzbare Geschichten, die teils humorig, aber auch investigativ waren. Mit dieser Haltung war er bei den Kollegen aber schnell unten durch, denn damit war er ein Störenfried in der allgemeinen Lethargie. Alle Versuche, diese Haltung zu durchbrechen, scheiterten bis heute. Man brachte und kriegte in die Truppe einfach keine Begeisterung für heiße Storys rein. Da wurde gearbeitet wie auf dem Bau. Dienstbeginn 9 Uhr, für viele schwer zu schaffen, dann erstmal ausgiebig den Kaffeeautomaten malträtieren, und dann ging es schon los mit der Essensbestellung für Mittag. War am Morgen kein Termindreh datiert, wurde die Zeit leider nicht für die Recherche eines neuen Themas verwandt. Wenn man dann mit dem einen oder anderen Mitarbeiter sprach, und ihn ernsthaft ermahnte, dann wurde spätestens am nächsten Tag mit dem Krankenschein gewedelt. Ich habe mich oft gefragt, woher dieses Desinteresse kommt, hatte ich es doch gerade in München ganz anders erlebt. Da schlugen sich selbst die festangestellten Kollegen förmlich um die Themen. In der Morgenkonferenz kämpften alle um ihre Geschichten und selbst die Praktikanten lechzten danach, eine Umfrage mit Kamera machen zu dürfen. Bei

Promiinterviews hörte der Spaß ganz auf – wer abends am roten Teppich stehen durfte, daraus entwickelten sich regelrechte Grabenkämpfe. Neid und Eifersucht waren gang und gäbe, jeder versuchte sich im Flurfunk in ein besseres Licht zu stellen als der Kollege, der gerade einen Auftrag für ein Starinterview bekommen hatte. Man gönnte dem anderen wenig, Ellenbogen raus, so hieß die Devise. Noch schlimmer war das in meiner Fußballzeit als Reporter beim DSF. Hier wurden Freundschaften beendet, wenn einer ein Spiel kommentieren durfte, was der andere auch wollte. Ein Konkurrenzkampf, den die Vorgesetzten brutal ausnutzten und dann leider auch noch, selbstgerecht und unfair, die Besetzung der Spiele vornahmen. Das Motto hieß, wen ich leiden kann, der kriegt das Bonbon, wer mir missfällt, soll sehen, wo er bleibt.

Nun, diese Probleme hatte ich in meiner Ostredaktion wahrlich nicht. Da war nicht das Thema der magische, Anziehungspunkt des Tages, sondern der Mittagstisch um 12.00 Uhr. Gelernte DDR, von den Eltern wahrscheinlich weitergegeben, für mich völlig fremd. In den Westredaktionen ging man zum Essen, wenn einfach Zeit da war.

Hatte einer oder eine am Abend in München ein Stück in der Sendung oder eine heiße Recherche, dann mussten wir auf den oder die in der Kantine verzichten. Eine junge, begabte Kollegin in meiner Redaktion in Brandenburg, die hospitierte, hatte nach Abschluss ihrer Kurzausbildung einen Praktikumsplatz beim *heute journal* ergattert. Selbst ich war stolz über diese Chance und wünschte alles Gute. Ein paar Wochen später traf ich die Dame in der Brandenburger Fußgängerzone wieder und sprach sie an. „Oh nein", sagte sie mir, „das in Mainz war mir alles viel zu anstrengend gewesen, hab abgebrochen, hätte am Abend und am Wochenende arbeiten sollen." Warum sind die begabten Jugendlichen im Osten so wenig karriereinteressiert und das dreißig Jahre nach der Wende. Sie überlassen ihren Brüdern und Schwestern die besser bezahlten Jobs: Natürlich gibt es Ausnahmen, auf die komme ich auch noch zurück, aber diese DDR-Mentalität, die ich auch noch 25 Jahre nach der Wende erleben musste, ist nur schwer begreifbar.

2.

Ein Sexismusskandal, der keiner war

Woraus die örtliche Tageszeitung alles eine Story komponierte, um Grünen und Linken zu Dienst zu sein, verdeutlicht exemplarisch folgender Fall. Der Kollege hatte ein Porträt einer sehr engagierten und interessierten Praktikantin gedreht, die im Potsdamer Landtag einen CDU-Landtagsabgeordneten unterstützte. Die junge Frau, die äußerst attraktiv war, zeigte sich sehr neugierig und kam auch mit dem Ministerpräsidenten Woidke ins Gespräch, wie auch mit vielen anderen Politikern unterschiedlicher Coleur. Am betreffenden Drehtag trug sie einen tiefen Ausschnitt. Es ließ sich nicht vermeiden, dass mein Kollege auch diesen kurz ins Bild setzte, weil sie an der Stelle den Button mit dem Brandenburger Adler trug. Wegen der bevorstehenden Bundestagswahl hatte ich keine Gelegenheit mehr, den Beitrag abzunehmen, er lief also nicht im TV. Allerdings stellte der Kollege am Wochenende den Beitrag ohne Absprache bei Social Media ein und dann ging es los mit der Protestwelle. Die Grünen warfen dem Sender in ungewöhnlich scharfer Form Sexismus in einer Pressemitteilung vor. Gesehen haben den Beitrag aber nur ganz wenige, denn nach der Kritik der FDP-Frauenvereinigung wurde der Beitrag sofort aus dem Netz genommen.

Die selbstbewusste Praktikantin

Martina Max (Grüne) mit übler Nachrede

Die Politikerinnen der Linken folgten alsbald mit harscher Sexismuskritik, doch der Höhepunkt sollte noch kommen.

Der Autor des *Tagesspiegels* hatte es geschafft, die Medienredaktion der Süddeutschen Zeitung zu alarmieren. Diese nahm sich der Geschichte an und verfasste einen Artikel, in dem meine Person eine zentrale Rolle einnahm und gleichzeitig an die Schlecker-Story erinnert wurde, um dann wegen dieser angeblichen Sexismus-Story groß auszuholen. Nun ja, gesehen hat auch diese SZ-Edelfeder den Beitrag nicht. Die Sache wurde immer skurriler. In der kommenden Stadtverordnetenversammlung hatte die Expertin für Eingriffe in die Pressefreiheit richtig durchgeladen. Sie bezichtigte in einer persönlichen Mitteilung den Fernsehsender als sexistisch und nannte den Beitrag als Beleg für ihre unglaubliche These. Aber sie wurde noch dreister: Sie überreichte meinem Chef, dem Medienunternehmer, der auch Stadtverordneter ist, den Sexismus-Oscar in der Form eines lächerlichen Nippesfigürchens mit entsprechender Laudatio: Und was machte die linke Heimatzeitung, für welche die Zeremonie ein gefundenes Fressen war? Die brachte diese widersinnige Verleihung am anderen Tage ganz groß ins Blatt. Der Medienunternehmer, der noch nicht mal über den Dreh informiert war, stand wie ein Blamierter da. Zu was diese Monopolzeitung, früher als *Märkische Volksstimme* ein treues DDR-Blatt, sonst noch fähig war, das muss man erlebt haben: DDR-Nostalgie pur. Gerade diejenigen, die in der DDR versucht hatten, was Privates auf die Beine zu stellen, wurden zur Zielscheibe dieses Blattes, für das bis heute Freude, Spaß und Zufriedenheit der Bürger nicht sein darf: ideologische Hochkultur, wie ich sie noch nie vorher erlebt habe.

3.

Das unheilvolle Wirken der örtlichen Heimatzeitung

Diese Monopolzeitung hat jahrelang, bis sie durch den SKB ein Medium entgegengestellt bekam, einseitig und im Sinne der rot/roten Mehrheitspolitik in Stadt und Land berichtet: Ab 2011 sank der Stern dieses linken Monopolblattes rapide. Seither kriegt der eifrige Redaktionsleiter, der Menschen manipuliert, beeinflusst und brüskiert, eigentlich nichts mehr auf die Reihe. Im Sommer 2024 wurde er noch vor Rentenbeginn entlassen. Das Maß war voll. Warum, dazu später mehr. Ein Großteil der Gesellschaft hat sich mittlerweile von ihm und seinem Blatt abgewandt, aber solange es täglich so erscheint und weiterhin Dinge einseitig und abstrus bewertet, muss man immer aufpassen, dass man sich nicht ideologisch einfangen lässt. Für Sozen, Grüne und manche Linke ist es ihr Leib- und Magenblatt und die denken wahrscheinlich immer noch, sie lesen die Märkische Volksstimme, wie das Blatt zu DDR-Zeiten hieß. Besonders frappierend ist es, wenn das Blatt über freudige Ereignisse, wie etwa das Havelfest, schreibt. Alles das, was den normalen Menschen gefällt, passt nicht so recht in die ideologische Doktrin dieser Zeitung. Zum Vergleich: Wenn in München Oktoberfest ist, übertreffen sich 5 Lokalzeitungen in ihrer Berichterstattung mit Superlativen. Da werden Fest, Besucher und Promis gefeiert und für gute Laune in den Blättern gesorgt. Ganz anders in Brandenburg: Obwohl das Havelfest mittlerweile auch mit zahlreichen Promis aus der Schlagerszene Besucher anlockt, ignoriert die MAZ diese Promis. Passt nicht ins Konzept einer griesgrämigen Zeitung, der Unterhaltung für das normale Volk immer noch suspekt ist. Da werden keine Geschichten nett erzählt, sondern hauptsächlich über betrunkene Festbesucher berichtet und wie schlimm es ist, dass Gäste keine Glasflaschen aufs Gelände mitbringen dürfen. Es wird immer und ständig nur nach dem Negativen gesucht: Freiheit und Freude kommt in den Artikeln nicht vor.

Als ein besonderes Beispiel sei hier die Weihnachtsmannparade angeführt. Das war noch 2011 und 2012 ein einmaliges Spektakel, bundesweit sozusagen einmalig. Vergleichbar mit dem Mainzer und Kölner Karnevalsumzug, mit tollen phantasievollen Wägen, Fußvolk, hübschen Mädchen, Technomusik. Eine grandiose Show auf der Straße, Besucher aus nah und fern, auch viele Berliner, wurden mit Bussen herangekarrt. Es war ein herrliches Vergnügen für Jung und Alt: Tausende säumten die Straßen. Doch das war der Zeitung zu flippig, zu billig, das hatte für die MAZ-Schreiber keinen Stil. Klar, 1983 war diese Weihnachtsmannparade auch durch die Zensur in der DDR gefallen. Und sofort scharte sich ein linkes Fußvolk um die Zeitung und feuerte mit gegen diese beliebte Institution: zu primitiv, keine Kultur hieß es. Einfach nur schlecht machen war die Devise. Auch die Stadt unterstützte dieses Event dann irgendwann nicht mehr, die Kosten für Security und Toilettenanlagen stiegen ins Unermessliche und der Veranstalter konnte die Weihnachtsmannparade nicht mehr stemmen. Das Topereignis schlief ein, weil eine gewisse Klientel das so wollte und sich schlussendlich auch durchsetzte. So starb eine der fröhlichsten Straßenshows, die ich je gesehen habe, und als ehemaliger Student in Mainz bin ich in dieser Hinsicht sicherlich sehr stark verwöhnt.

Rückblende: Das Fürstentum Monaco war das Objekt der Begierde. Hier wollten die Münchner Filmkaufleute Bernd Schafers und Bernd Eichinger an der Côte d'Azur punkten. Radio für deutsche Touristen hieß das Zauberwort, werbefinanziert. Unser Team vom Regionalsender Stuttgart sollte das Programm stemmen und dort bei Sonne, Meerblick und Dolce Vita moderieren und deutsche Gäste begeistern. Wir waren im Stammhaus des monegassischen Radios, es wurden Räume beim legendären Radio Monte Carlo angemietet und ein Studio gebaut. Die Kollegen wechselten sich ab und tingelten immer zwischen Stuttgart und Monte Carlo. Die Münchner Medienmanager mieteten einige Wohnungen an. Dafür mussten Mondpreise bezahlt werden. Kein Vergleich mit dem Münchner Mietniveau, über das immer geklagt wird. Mit der Münchner Spitzenmiete kriegst du hier in Monte nicht mehr als eine Hundehütte, noch nicht mal einen Bootsanlegeplatz. Der Vermieter unserer Wohnung mit Traumblick aufs Meer gab uns noch ein paar gute Tipps, dass unser Wohnsitz, immerhin arbeiteten wir steuerfrei, auch als ständiger anerkannt würde; wir sollten, wenn wir mal zwei Wochen oder länger nicht im Fürstentum seien, immer das Wasser im Bad laufen lassen: ein Hinweis auf Dauerrepräsentanz. Der Tipp wurde umgesetzt, über Wasserverschwendung ohne Not machte man sich damals noch keine Gedanken. Hatten wir doch eine ganz andere Profession, den Glamour der Monegassen den deutschen Radiohörern näher zu bringen. Wir lebten damals in Saus und Braus und machten Spesen auf Kosten der Gesellschafter. Jeder Mitarbeiter erhielt eine Kreditkarte für den bargeldlosen Einkauf überall, das goldene Kärtchen wurde auch beim Champagnerschlürfen im Café de Paris eingesetzt.

Der großzügige Gehaltsscheck war steuerfrei, bekanntlich kassiert der Staat Monaco keine Abgabe von seiner Bevölkerung. Wir gehörten jetzt dazu, hatten prominente Studiogaste wie Boris Becker und Ringo Starr und feierten abends rauschende Feste, gingen in feinsten Lokalen essen. Die ganze Party dauerte zwei Sommer, dann war Schluss, Werbung wurde so gut wie keine verkauft, die Manager verloren die Lust am Senden, zumal deutsche Hörer auch kaum auszumachen waren. Während des Formel-1-Rennens zeigte sich der ganze Widerspruch dieses Fürstentums. Ab Montag, schon während des Trainings, herrschte ein Höllenlärm in der ganzen Stadt, kaum auszuhalten, stundenlang grässlicher Motorenlärm. Doch kein Einwohner beschwerte sich, man wollte lieber in sein als gesund, Glück wird hier mit Protz und Reichtum verbunden. Selbst im Stadion des AS Monaco kann man mit dem Lift direkt auf seinen Sitzplatz fahren und statt Bier und Bratwurst wie in deutschen Arenen wird hier während des Spiels von Obern im weißen Frack Schampus und Kaviar serviert. Was für eine Diskrepanz damals unser Leben mit Sportwagen und Boutique-Klamotten zum Dasein im Osten unserer Republik in den 90er-Jahren. Auch 2010, als ich in die Stadt kam, in der einst das Stahl – und Walzwerk für Lohn und Brot sorgte, sah das Leben völlig anders aus. Die Menschen hatten diese kapitalistische Gier von Monaco nach Ruhm und Geld nie kennengelernt, waren zufrieden, wenn sie samstags von der Arbeit ins Stahlstadion gehen konnten und dort für 50 Pfennig ihr Bier bekamen. Und nun fühlten sich viele abgehängt vom Westen, ausgenutzt und ignoriert. Sentimentalität mit In-der-DDR-war-doch-alles-besser-Mentalität, machte sich immer mehr breit. Bis heute habe ich nicht den Eindruck, dass da irgendwas zusammengewachsen ist. In der Bäckerei meines Vertrauens beklagen sich die Wendeopfer, Verkäuferinnen kurz vor der Rente, die nie eine Aufstiegschance hatten, über ihren kargen Lohn und eine unhaltbare Rentenperspektive. Sie sehnen sich teilweise weiter zu dem behüteten Leben in der DDR zurück, mit Datsche am Wochenende: Wir backen Brötchen noch nach ureigenem DDR-Rezept, damit wird hier noch geworben, sicher mehr als ein Zeichen von verklärter Nostalgie. Andere fahren mit dem Wagen von Platz zu Platz und bieten Original DDR-Softeis feil, nach der guten alten Rezeptur. Der krasse Gegensatz zum Life à la Monaco, obwohl beide Städte eine Marina haben und die Motorboote auch über die Havel brausen.

Inzwischen ist den Bäckern aber die Lust am Backen vergangen, denn sie konnten nicht mehr mit den Billigtheken der Discounter mithalten. Tragische Konsequenz: der Insolvenzantrag, Mitarbeiter stehen auf der Straße, die AfD fängt solche Abgehängten mühelos auf und füllt die

Lücke: Die Linke, Nachfolgeorganisation der SED, hat ihren Status als Kümmerer-Partei längst verloren. Wahlen in der ehemaligen DDR waren nun wirklich nicht spannend, die Ergebnisse standen vorher fest und wurden manipuliert. Wer nicht zur Wahl ging, wurde abgeholt; wie z. B. der ehemalige Stasi-Beauftragte Roland Jahn. Aus dem Bett schleppte ihn die Stasi zur Wahlurne, als dieser den Wahlzettel durchstrich, verlor sogar sein Vater am anderen Tag seinen heißgeliebten Funktionärsjob bei Carl Zeiss Jena. Nun, die örtliche, links gelenkte Tageszeitung hat es ja auch nicht so mit der Tradition der freien Wahlen. Vor der Bundestagswahl 2017 überlegte man in der Redaktion, wie man den Erfolg der CDU-Kandidatin Dietlind Tiemann gegen ihren SPD-Herausforderer noch auf der Schlussetappe verhindern könnte. Die Pressemanipulateure kamen auf eine geradezu groteske, ja man kann sagen, abscheuliche Idee. Warum für den SPD-Mann Stimmung machen, alles viel zu aufwändig. Lieber gleich eine Story erfinden: und die mit renommierten Meinungsinstituten untermauern. Dann kam es zu einem Presseskandal, der seinesgleichen sucht. In der Samstagsausgabe des Blattes, einen Tag vor der Bundestagswahl, meldete das linke Kampfblatt: Rautenberg, SPD, liegt nach Umfragen vorne. In dem Artikel wurde sich unter anderem auf eine Umfrage des Meinungsforschungsinstituts Allensbach vom Dienstag bezogen.

Die Absicht war klar, die Zeitungsredakteure wollten nochmals alle SPD-Sympathisanten mobilisieren, die die Wahl schon als verloren ansahen. Die Rechnung ging nur partiell auf. Die CDU-Kandidatin Tiemann siegte klar, aber nicht ganz mit dem Ergebnis und dem Vorsprung, mit dem Experten gerechnet hatten. Journalismus lebt von guter Recherche und da ich mich immer diesem Grundsatz verpflichtet fühlte, checkte ich die Zeitungsnummer vom Samstag nach: Mir stockte der Atem, als eine E-Mail von Allensbach in unserer Redaktion eintrudelte: Antwort: Wir haben eine derartige Umfrage nie in Auftrag gegeben, wir fragen generell keine Wahlkreisergebnisse ab. Diese Zeilen saßen, sollte hier wirklich eine reine Erfindung vorliegen? Wir prüften weiter: Auch bei anderen Umfrageninstituten Fehlanzeige, kein Forscher hatte sich für solche Umfragen interessiert. Von Allensbach kam dann noch ein weiteres Fax: „Wir teilen mit, dass auch keine anderen Umfragenistitute in dieser Frage tätig waren". Der Schwindel war aufgedeckt, die Masken dieser Fakeakteure gefallen: ein unglaublicher Skandal, DDR-Stil vom Allerfeinsten. Wir machten den Sachverhalt öffentlich, die Zeitung schwieg, was wollten sie auch dagegen sagen? Ihre Lüge war öffentlich geworden. Nun herrschte hinter den Kulissen hektisches Treiben, die örtlichen Journalisten mussten nach Potsdam zum Rapport – doch leider, und das sagt alles über diese Zeitung, blieb dieses miese Fehlverhalten ohne Konsequenzen. Keiner der Redakteure wurde von der Chefredakteurin gefeuert, das sagt eigentlich alles.

Wir legten die Lügengeschichte dem Deutschen Presserat vor, der prüfte lange und intensiv, ließ sich alle von uns recherchierten Dokumente vorlegen. Die Entscheidung des Pressrates ließ auf sich warten, als sie dann nach ein paar Monaten kam, war sie aber eindeutig. Einstimmig verurteilte der Presserat die Lügenstory der MAZ. Dennoch sitzen die gescholtenen Redakteure bis heute in ihrer warmen Redaktionsstube und manipulieren weiterhin die noch verbliebenen Leser. Es kam im Blatt lediglich eine blasse Entschuldigung, so nach dem Motto, das kann doch auch uns mal passieren. Nein, Freunde, das war ein wohldurchdachter, strategischer Manipulationsversuch mit klarem politischen Ziel.

4.

Die seltsame Wandlung von
Frank Walter Steinmeier zum Havelstädter Bürger

Der Guru kommt nach Brandenburg und jetzt wird alles gut, frohlockte die MAZ. Damit ist aber kein spiritueller Heilsbringer gemeint, sondern der SPD-Politprofi Frank Walter Steinmeier, für den seine Partei fieberhaft einen Wahlkreis suchte. Bis 2015 konnte man in Brandenburg auch eine Vogelscheuche aufstellen, SPD darauf geschrieben, das Modell wurde gewählt. Also war's klar, den Steinmeier hierher zu pflanzen. Chancen auf den Wahlkreissieg waren da. Ein Westfale in Brandenburg, der im Berliner Promiviertel Zehlendorf wohnt, das konnte ja nicht passen. Sozialdemokratische Basispolitik machte der Steini aber keineswegs, er verließ sich aufs repräsentativ Agieren. Sich zeigen mit seinen schlohweißen Haaren, immer grinsen und lächeln, das konnte er. Die Probleme der Menschen verstand er nie, wollte diese auch gar nicht kapieren, diese interessierten ihn auch nicht. Eine größere Entfremdung zwischen Ost und West als Edel-Sozi Steinmeier und die einfachen Menschen hier, konnte man sich gar nicht vorstellen. Steinmeier tat alles, damit die Kluft immer größer wurde.

Frank Walter Steinmeier – ein Fremder im Wahlkreis

Statt sich um die Belange der oft abgehängten Menschen hier zu kümmern, und als Abgeordneter im Wahlkreis zu agieren, gründete er lieber einen elitären sozialdemokratischen Club: Er nannte ihn Kulturverein und lud Künstler, Schriftsteller, Musiker ein, die ein sozialdemokratisches Herz haben. Von Günter Grass bis zu Armin Müller-Stahl war alles da, die sozialdemokratische Bohème feierte sich. Steinmeier hielt sich einen Hofstaat, flanierte öfters in die Ballsäle, hatte mit den Menschen oder seinen Genossen kaum Berührungspunkte. Obwohl Brandenburger Bundestagsabgeordneter, blieb sein Lebensmittelpunkt Berlin-Zehlendorf. Höhepunkte seines Schaffens waren seine Blitzbesuche als Außenminister in der Havelstadt, wenn er z. B. von Polizeieskorte begleitet in die Havelstadt rauschte, um mit der Freundin vom damaligen Außenminister Heiko Maas einen Film im örtlichen Kino zu eröffnen. Mir blieb nur noch in Erinnerung, dass er, der spätere Bundespräsident, eine Bank am Neustädtischen Markt einweihte. Seine salbungsvollen Worte blieben mir aber nicht im Gedächtnis, weil mich der Chef der Verkehrsbetriebe, Werner Jumpertz, fortlaufend anschrie. Der hatte sich über mich aufgeregt, weil ich es nicht verstand, dass alte Tatra-Straßenbahnen teuer gekauft und dann saniert wurden. Wer laut brüllt, hat meistens nicht recht. Diese sozialistische Nostalgie auf Schienen brachte gar nichts, denn mittlerweile müssen sie alle wieder eingemottet werden. Mit den Behindertengesetzen sind diese untauglichen Ostbrummer null vereinbar.

Unterstützung bekam Steinmeier auch noch von einer Muslimin, die er immer im Schlepptau hatte und diese Dame war sehr sexy und elegant, aber auch sehr resolut. Ständig versuchte sie als Beschützerin des weißhaarigen Ministers lästige Journalisten fernzuhalten: Dawson Chebli, die später Karriere als Staatssekretärin in Berlin als Politikerin mit der Rolex machte.

Sie benahm sich teilweise wie eine Furie, versuchte Steinmeier immer von Journalisten abzublocken. Eine noch unrühmlichere Rolle spielte in Steinmeiers Kulturverein der schon erwähnte Chefredakteur der lokalen Tageszeitung. Sein größter Tag schien zu kommen. Steinmeier hatte Hape Kerkeling für einen Auftritt in seinem Wahlkreis gewonnen und besagter Schreiberling wollte den bekannten Entertainer für sich pressemassig ausschlachten. Hape darf und will nicht gedreht werden, posaunte er in die Landschaft hinaus. Doch das wollten wir ihm und Steinmeier vermasseln. Wir steckten den Lokalmatadoren unter den Schlagersängern in ein Hasenköstum und in Anlehnung an Hapes erfolgreichen Film, versahen wir ihn mit einem Schild, auf dem „Witzigkeit kennt keine Grenzen" stand. Der Glückshase fiel Hape sofort auf, als er ankam. Während Steinmeier grußlos an dem Hasen vorbeimarschierte, blieb der Entertainer stehen, machte seine Späßchen und fand's ganz lustig. In seiner ihm eigenen Art gab er uns ein launiges Interview. Drinnen in der Kirche las er dann nur noch aus seinem Buch vor. Die Story aber hatten wir und die Bilder verkauften wir ans ARD-Boulevardmagazin „Brisant".

Steinmeier, Hape und der Glückshase: Von einer Lesung war nicht mehr die Rede. Der Kulturverein war blamiert und ich bekam vom Vorstand einen scharf geschriebenen. Brief, dass ich mich daneben benommen hätte. Doch damit konnte ich gut leben. Der Herr Steinmeier, damals noch Außenminister, ließ nichts unversucht, sich überall als launiger Zampano mit echtem Interesse an Kultur zu verkaufen. Das klappte aber nicht immer und so kam es auch zu einem legendären Auftritt im Weinbaugebiet von Werder. Vor den dortigen Winzern ließ er nach einer Weinprobe förmlich die Sau raus und verspottete einen ganzen Berufsstand mit dem Satz: „Der Wein geht bei euch wie eine Säge durch die Gurgel."

Die Weinfreunde waren regelrecht geschockt, als wir das sendeten. Es beschwerte sich der gesamte Winzerverband und machte seinen Ärger vor unserer Kamera Luft. Politischen Streitigkeiten in seiner Partei ging er aus dem Wege, versuchte es zumindest. Aber es gelang nicht immer. Ausgerechnet der Schleimer von der Zeitung stürzte ihn in den Schlamassel: In der örtlichen SPD krachte es schon die ganze Zeit: Eine Gruppierung hetzte gegen die andere. Fatal wurde es, als einige Abtrünnige eine Chat-Gruppe bildeten und sich dort über den anderen Teil der Gruppe in Verbalinjurien ausließ: Es waren keine druckreifen Beschreibungen, die dort vom Stapel gelassen wurden: SPD-Frauen wurden übel beleidigt. Dass dieses Gruppenspielchen nicht intern blieb, hatte man einer Genossin zu verdanken, die die Gruppe verließ, die WhatsApp-News ausdruckte und schnurstracks zur Zeitung lief und besagtem Chefredakteur alles auf den Schreibtisch leerte.

Der Oberschreiber der Linkspresse witterte Beute. Ohne nachzudenken, nur um unliebsamen Sozis zu schaden, veröffentliche er die zum Teil peinlichen Chats. Keine Glanzleistung von ihm, denn WhatsApp-News gehören eigentlich nicht an die Öffentlichkeit, sie sind geheim und nicht für alle bestimmt. Das scherte diesen Linksverbieger in keiner Weise – im Grundgesetz steht ein Briefgeheimnis, für einen Werklehrer im SED-Staat ist das ein unbekanntes Phänomen, er veröffentlicht alles, was er hört und sieht: Bestes Beispiel: Als ich bei einem SPD-Kreisparteitag beim Vortrag der SPD-Fraktionsvorsitzenden eine Bemerkung vor mich hinmurmelte, stand diese mit Zitat und Namensnennung von mir am anderen Tag in der Zeitung. Unglaublich fand ich das. Bin ich Politiker, ist meine Meinung wichtig? Sicher nicht. Warum wurde ich in dem Zusammenhang erwähnt? Ich antworte nur, wenn ein anderes Medium mich um eine qualifizierte Einschätzung bittet. Total daneben. Als die SPD-Lady wimmerte, sie wolle wieder an der Arbeit in der SPD Spaß haben, sagte ich vor mich hin: „Den wirst du nicht mehr haben." Lüstern griff der neben mir sitzende Zeitungschef meinen Spruch auf und setzte ihn in sein Blatt, widerlich. So verfuhr er leider mit vielen anderen Personen auch, die sich bei mir über seinen Stil beklagten. Viele sprachen nur noch über Fußball und das aktuelle Wetter mit ihm.

Als Krönung veröffentlichte er den Gruppen-Chat, die unschönen Worte über einige Damen in der SPD, teilweise unter der Gürtellinie. Die Zitate schlugen ein wie eine Bombe. Die Veröffentlichung löste ein Erdbeben aus, Endresultat: Die WhatsApp-Schreiber verließen die SPD und gründeten die Freien Wähler, nahmen ihre Mandate mit, und damit war die SPD gespalten. Jetzt kam die unangenehmste Aufgabe auf Steinmeier zu, er musste diese Spaltung der SPD in seinem eigenen Wahlkreis kommentieren. Darauf hatte er, der normalerweise als Außenminister die Welt befriedigen will, nun gar keine Lust: Aber er kam nicht darum herum, in die Niederungen der Kommunalpolitik herabzusteigen. Er verurteilte die Chat-Schreiber aufs Schärfste, musste er ja, war aber gleichzeitig sauer auf den Chefschreiber der SPD-nahen Zeitung, weil der ihm Ärger bereitete. Das merkte aber der flotte Schreiberling gar nicht, er dachte, er hätte sich mit dieser „Enthüllung" noch bei Steinmeier eingeschleimt. Falsch gedacht: Als der Außenminister Bundespräsident wurde, bedachte er den Zeitungsmacho nicht mit einem Job in der Pressestelle des Bundespräsidialamtes, was dieser so sehnlichst erwartet hatte. Falsch gepokert, wie so oft.

Also musste er in seiner Redaktionsstube weiterwursteln, ziel- und planlos, aber immer das Fähnlein der Ewiggestrigen

hochhaltend. Vor dem Chat-Skandal hatte Frank Walter Steinmeier aber eine echte Bewährungsprobe zu bestehen. Er musste,
damals noch Fraktionsvorsitzender der SPD, sein Direktmandat
verteidigen. Da er sich ja nur in höchsten Kulturkreisen bewegt
hatte und selten Kontakt zum Bürger suchte, ein schwieriges
Unterfangen. Er trommelte eine ganze Mannschaft von Mitarbeitern zusammen, die für ihn in den Wahlkampf zogen. Sie sollten
alle glaubwürdig vermitteln, wie wichtig ihm der Wahlkreis sei.
Steinmeier hatte zwar ein Wochenendhäuschen in Saaringen,
aber nun war Eile geboten. Eigentlich wohnte der Kandidat ja
in Berlin Zehlendorf mit seiner Familie, das musste jetzt umge-
bogen werden. Hilfe kam schnell von der örtlichen Zeitung. Der
Herr Chefredakteur schickte sofort eine Stoßtruppe willfähriger
Schreiberlinge nach Saaringen, die über sein brandenburgisches
Zuhause einen Schleimartikel nach dem anderen schrieben. Nur
eine fiel auf den Zauber nicht herein: seine Gegenkandidatin von
den Linken, Diana Golze. Sie nutzte ein Interview mit dem SKB,
um klarzumachen: Steinmeier wohnt hier nicht. Er ist Berliner.
Dennoch war Steinmeier aufgrund seines Bekanntheitsgrades
aus der Tagesschau der klare Favorit: Herausforderin damals:
die CDU-Bundestagsabgeordnete Andrea Voßhoff, eine äußerst
eloquente und intelligente Frau, aber lange nicht so bekannt wie
Steinmeier. Die Juristin war nach ihrer Politkarriere die oberste
Datenschützerin des Landes.

Steinmeiers letzte Wahlkampfauftritte bargen schon Szena-
rien des Wahnsinns in sich. Er hetzte wie von der Tarantel gestochen durch Alten- und Pflegeheime, öffnete Krankenzimmer
und fiel unvermittelt Schwachen und Alten in die Arme. Auch
im Heimchor sang er mit, ließ durch seinen Mitarbeiter Lied-
heftchen verteilen. Alles andere als ein klarer Steinmeier-Sieg
war nicht zu erwarten. Am Wahlabend aber wurde es knackig
spannend. Zunächst nach Auszählung der ersten Wahlkreise lag
Voßhoff vorne, auch noch um 21.00 Uhr, als sie stürmisch in
einer Brandenburger Bar, wo sich die Unionstreuen versammelt
hatten, begrüßt und beklatscht wurde. Steinmeier, der im fer-
nen Berlin weilte, soll, wie überliefert wurde, dort schier einen

Kollaps gekriegt haben. Alle drei Minuten rief er in Brandenburg seine Mitarbeiter an, die nichts Gutes zu berichten hatten: Erst kurz vor Mitternacht stand das endgültige Ergebnis fest. Hauchdünn, mit 134 Stimmen Vorsprung, hatte Steinmeier gesiegt – noch einmal den Kopf aus der Schlinge gezogen: Eine Blamage war es für ihn trotz alledem.

5.

Kreisreform scheitert am Widerstand der Bürger

Kaum nochmal ins Ziel gerettet, verlor der amtierende Außenminister recht schnell wieder sein Interesse für Menschen und Probleme in seinem Wahlkreis. Dabei wäre er gefordert gewesen: Denn, die rot/rote Landesregierung hatte mal wieder in den vergilbten Akten der SED-Staatsmacht gestöbert und ähnlich wie damals die Zentralismuskeule ausgepackt: Die rot/roten in Potsdam hatten gut gelernt bei ihren Vorgängern: Aufbegehren muss man mit der Knute bekämpfen. Und wer hatte einen eigenen Weg gesucht, sich nicht mit allem angefreundet, was die Linken diktiert hatten? Besonders aufmüpfig war die kreisfreie Stadt Brandenburg an der Havel, vertreten durch ihre renitente Oberbürgermeisterin Dietlind Tiemann. Sie spurte einfach nicht so, wie sich das die Damen und Herren in Potsdam vorstellten.

OB Dietlind Tiemann erfolgreich für die Kreisfreiheit

Loyales Niederknien war nicht ihr Fall. Was man ihr besonders vorwarf und nie verzieh: Sie hatte seit 2003 die Machtverhältnisse in der alten Stahlarbeiterstadt völlig umgedreht: Das einst rote Brandenburg wurde schwarz, das konnten die roten Zentralisten nie verdauen: Es musste was geschehen, um die selbstbewussten Städte wieder auf Kurs zu bringen. Der Plan aus Potsdam: Wir kreisen die Städte ein und nehmen ihnen weitgehende Selbstverwaltungsrechte. Der Innenminister wurde beauftragt, diese Bestrafungsreform durchzudrücken und ohne Wenn und Aber die Städte einzukreisen. Mit einem enormen Budget, Werbemitteln und Manpower, unterstützt von regierungstreuen Medien, wie der Märkischen und dem RBB, wurde eine Kampagne gefahren, die seinesgleichen sucht. In Brandenburg wurde mit dem Stahlpalast die größte Halle angemietet, dort wollten die Landespolitiker ihre Einkreisungsideologie erklären. Es misslang vollkommen, Finanz- und Innenminister wurden ausgebuht, die Oberbürgermeisterin bewegte sich auf sicherem Terrain. Kein Argument der Landefürsten konnte schlussendlich überzeugen. „Wir drehen euch den Geldhahn zu", drohten die SED-Nachfolger aus Potsdam: Die Töne wurden immer schriller, der Innenminister geriet außer Rand und Band, vergriff sich bei diversen Veranstaltungen völlig im Ton: In Frankfurt/Oder, seiner eigenen Geburtsstadt, schrie er, wie von der Tarantel gestochen: „Diese Stadt ist so finanzschwach, hier wollen noch nicht mal Flüchtlinge leben!" Die Atmosphäre war vergiftet – eine Volksinitiative wurde gestartet: Wer jetzt aber erwartete, dass alle Parteien und Fraktionen sich gegen diese Bevormundung aus Potsdam zur Wehr setzen würden, sah sich schnell getäuscht: Zunächst herrschte z. B. in Brandenburg an der Havel große Eintracht: Die Vertreter aller Parteien, egal, welcher Couleur, unterschrieben, dass sie sich gegen dieses Gesetz wehren wollen. Selbst der SPD-Innenpolitiker und Landtagsmitglied Ralf Holzschuher sprach von Widerstand gegen die Potsdamer Genossen. Vollmundig kündigte er in die SKB-Kamera seinen entschiedenen Widerspruch an.

Doch nach und nach wurden alle Kommunalpolitiker der beiden Linksparteien auf Kurs gebracht, es gab klare Direktiven aus Potsdam und sie knickten alle ein: ganz schlimm das Verhalten der Grünen. Gerade diese Sammlungsbewegung aus Veganern und Bürgerhelden des einstigen Unrechtsstaates zeigte sich folgsam: Normalerweise schwadronieren sie von Bürgerbeteiligung bis zum Exzess, davon war aber jetzt nichts mehr zu spüren. Bürgerprotest nein danke, Beteiligung an der Volksinitiative null. Protagonistin hier die Ärztin und Landtagsabgeordnete Ursula Nonnemacher: Widerstand gegen diese Kreisreform war von ihr nicht zu erwarten. Ihre schräge Argumentation: Ich wohne in Falkensee und uns geht es auch gut, obwohl wir keine kreisfreie Stadt sind – und guckt euch mal Eberswalde an, die haben sogar einen Zoo. Ja, man fühlte sich manchmal wie im Zoo, eingesperrt und degradiert von den Herrschaften aus Potsdam. Doch die Bürger begehrten auf, wollten sich ihre Freiheit nicht nehmen lassen: Und ausgerechnet von dem Mann, der das Wort Gerechtigkeit so gerne in den Mund nimmt, dem Herrn Steinmeier, kam nichts, kein Wort. Der lief lieber mit Armin Müller-Stahl durchs Kunstmuseum und wurde nicht müde, die Bilder des alternden Hollywoodstars anzupreisen. Doch das düsterste Kapitel lieferte in diesem Zusammenhang der frühere Innenminister Ralf Holzschuher.

Ralf Holzschuher, smart aussehender Jurist, Liebling aller Politikerfrauen, hatte einen steilen Aufstieg hingelegt. Der ewig grinsende Sozi war erst Landtagsabgeordneter, wurde dann SPD-Fraktionschef im Landtag und schließlich sogar Innenminister des Landes. Ein Mann viel zu weich für die Politik und leider auch nicht der fleißigste. Seine Anwaltskanzlei in Brandenburg hatte er seinem Kompagnon anvertraut, um intensiver Politik betreiben zu können. Platzeck hatte noch auf den Frauenschwarm gesetzt und ihm das Innenressort anvertraut. Reden konnte er immer gut, aber leider fehlten die Taten: Dass er ein wankelmütiger Typ ist, der in erster Linie auf seine Versorgung spechtet, das war schnell durchschaut, aber sein Meisterstück sollte noch kommen.

Als diese von oben angeordnete Stadtbestrafungsreform auf die drei kreisfreien Städte niederprasselte, schlug sich zur Überraschung vieler, der SPD-Mann Holzschuher auf die Seite der Einkreisungsgegner: Brandenburg muss kreisfrei bleiben, war bei einer Demo in Potsdam auch seine Devise. Inzwischen war Woidke MP des Landes geworden und der hielt nicht viel von der „Holzpantoffel", wie er Holzschuher verächtlich im kleinen Kreis nannte. Als Woidke aber spürte, dass Holzschuher von der Stange lief, musste dieser zum Rapport nach Potsdam und wurde wieder umgedreht. Erst einmal äußerte sich Holzschuher jetzt kryptisch, eine klare Linie war nicht mehr zu erkennen. Das brachte einen Teil seiner Partei, der diese Kreisreform vehement ablehnte, in Rage: Beim kommenden SPD-Parteitag kam es zum Eklat: Da Holzschuher nur noch rumeierte und keine klare Position mehr bezog, wollten ihn einige Genossen stürzen: Fatal war nur, dass sie sich mit dem früheren Geschäftsführer der Verkehrsbetriebe einen Gegenkandidaten aussuchten, der über keinerlei Charisma verfügt und auch in seiner beruflichen Laufbahn keine Lorbeeren sammelte. Ein Kölner Original, cholerisch und teilweise naiv: dass er beim Karneval im Schweinchenkostüm rumtanzte, trug nicht gerade zur Seriosität bei. Nun aber warteten die SPD-Frauen bissig auf den Gegenkandidaten, der es wagte, gegen ihren Ralfi anzutreten, und fielen regelrecht über ihn her: Er sei ein Karnevalsjeck, so was könne man doch nicht wählen, er hätte sich mit seinem Auftritt im Männerballett vor der Fernsehkamera lächerlich gemacht, und überhaupt, Karneval sei das Letzte. Sie keiften und stocherten, bissen und schwadronierten, der Parteitag geriet völlig aus den Fugen. Er fiel bei der Wahl zum Vorsitzenden gegen Holzschuher durch, inhaltlich hatte sich die Mehrheit zur Kreisreform bekannt und die Opposition trat wenig später geschlossen aus der SPD aus und gründete die Freien Wähler. Holzschuher warb nun offensiv für diese Reform von oben, laberte etwas von Stärkung des Oberzentrums und brachte zusammen mit dem Schreiber der rot gefärbten Tageszeitung einen Plan B ins Spiel, den die Gegner der Kreisreform rigoros ablehnten. Holzschuher fiel dann einige Wochen später im Landtag völlig um und stimmte für die Reform und damit für die Einkreisung seiner Heimatstadt. Damit war der neue Name für Ralf Holzschuher geboren: Umfaller des Jahres. Dieses Etikett bekam er bis heute nicht mehr weg.

Ralf Holzschuher – SPD, der „Umfaller"

Der Lack war also ab beim Schwiegermutter-Liebling Ralf Holzschuher. Von jetzt an begann ein Niedergang, den ich noch nie in einem solch rasanten Tempo bei einem Berufspolitiker erlebt habe. Wie kam es dazu? Während Holzschuher für diese skandalöse Reform im Potsdamer Landtag den Arm hob, formierte sich über eine Volksinitiative später mit einem Volksbegehren ein Widerstand gegen diese Reform, wie sie ein Bundesland zuvor noch nie erlebt hat. Die SPD-Leute, die sich von den Reformfreunden in Brandenburg an der Havel abgespalten hatten, standen nun bei Schnee, Eis, Sturm und Regen auf der Straße, um gegen diese unsinnige Reform Unterschriften zu sammeln. Der Holzschuher Rest, bald spöttisch als Rumpftruppe bezeichnet, igelte sich ein, wartete ab und hatte keine politische Aussage mehr zu bieten. Der abgespaltene Teil, der jetzt unter dem Namen Freie

Wähler firmiert, kämpfte fortan wie eine Furie gegen diese Reform von oben.

Kaum hatten sie das Sozengewand abgestreift, ließen die zwei Matadoren der Freien Wähler die ewiggestrige Vergangenheit des sozialistischen Staates hinter sich und hatten auch von rot/rot in Brandenburg endgültig die Schnauze voll. Beide waren zu DDR-Zeiten treue SED-Genossen, der eine als Polizeichef, der andere sogar NVA-Soldat mit Stasi-IM-Belastung. Doch die Wende brachte den beiden Gutes: Sie versuchten über die SPD Karriere zu machen, was ihnen glückte. Der eine blieb Polizist, der andere verdiente gutes Geld als erfolgreicher Rechtsanwalt.

Der Polizeichef wurde sogar Bürgermeister, musste dann aber zurücktreten. Doch den Mief des Sozialismus streiften die beiden erst dann ab, als sie das Sozenparteibuch wegwarfen: Endlich vom Ballast befreit, bekannten sie sich nun zu den Werten der Freiheit und des Kapitalismus. Eigentlich bekämpften sie die SPD nun viel schärfer als der härteste Betonchristdemokrat. Nun waren die Linken ein Gräuel für die zwei und sie paktierten kommunal sofort mit der CDU. Sie bildeten dann auch mit der Oberbürgermeisterin die Speerspitze des Widerstandes gegen die von oben verordnete Kreisreform. Sie demonstrierten in Potsdam, ließen kein gutes Wort mehr an rot/rot und distanzierten sich vollkommen von ihren früheren Genossen. Ihr einstiger Freund und Kollege Holzschuher wurde geschnitten, der Umfaller gebrandmarkt, wo immer dies möglich war. Nur eine übertraf die zwei Reformgegner noch in puncto Hartnäckigkeit. Bei einer Protestkundgebung in Potsdam mit einer engagierten Oberbürgermeisterin, die auf der Bühne die übergestülpte Reform geißelte, befand sich auch der Umfaller Holzschuher. OB Tiemann war das Gesicht des Widerstandes. Wenn MP Woidke nur den Fahrtwind der Dame aus der Havelstadt roch, ließ er eiligst die Türen seiner Staatskanzlei verriegeln. Sie war zu viel für ihn, zumal sie ihn ja bei jeder Diskussion in die Tasche steckte. Doch an diesem landesweiten Protesttag wurde Umfaller Holzschuher vom Moderator vorgeführt und fertig gemacht. Ecki, wie der Event-König liebevoll genannt wird, ließ Moderator Moderator sein und bezeichnete Umfaller Holzschuher auf offener Bühne als Lügner – da stockte selbst dem polit und streiterfahrenen CDU-Landesvorsitzenden Ingo Senftleben kurzerhand der Atem. Ecki hatte öffentlich ein Zeichen gesetzt – die Ablehnung des Reformwerkes war zum Glaubenskrieg angewachsen. Die Volksinitiative war erfolgreich und auch das Volksbegehren lief äußerst schwungvoll an. Die rot/roten waren eingemauert – sämtliche kommunalen Kräfte im Land wetterten gegen die Reform und dann das: An einem frühen Morgen an einer Tankstelle in der Prignitz verkündete MP Woidke das Ende seiner Wahnsinnsreform: Er war grandios gescheitert: Seine ungeliebte Reform war nicht mehr durchzudenken. Bis zum Schluss hatten er und sein linker Finanzminister Görke das Reformwerk mit Klauen und Zähnen verteidigt, nun das Aus. Ein Desaster für rot/rot – der Versuch, die Macht zu zentralisieren und unliebsam regierte Städte einzukreisen, war gescheitert.

Schade, dass sich ausgerechnet die Grünen, die immer so viel von Bürgerbeteiligung reden, null beim Protest der Bürger gegen die Kreisreform engagiert haben. Das spricht Bände. Diese Partei ist im Gegensatz zum Westen in den neuen Bundesländern nie richtig angekommen: Im Westen finden bis heute neureiche Aufsteiger und Öko-Lehrer diese Partei attraktiv und meinen, sie wären was Besseres, wenn sie sich zu dieser ökologischen Idee bekennen. Im Osten gab es nie viel Sympathien für die Partei der Gutmenschen. Die Menschen hier haben andere Probleme, oft existenzielle, da bleibt wenig Spielraum für Gedankenspiele um Lärmschutz in einer Seitenstraße oder Elektromobilität. Diese Partei ist auch ein klar definierter Garant dafür, dass Ost und West nie richtig zusammenwachsen konnten. Mittlerweile hat diese Parteiengattung im Osten Prinzipien übernommen, die sehr viele Ostdeutsche an die Bevormundung im ehemaligen SED-Staat erinnern. Dabei gab es Ende der 80er-Jahre in der ehemaligen DDR viele Bürgerbewegte, die mit dem anarchischen Widerstand in der damaligen BRD sympathisierten. Einen solchen antibürgerlichen Widerstand begrüßten sie, vermischt mit Exegesen aus der christlichen Kirche, formten sie sich ein antiautoritäres Weltbild. Viele junge Menschen fanden dieses alternative Image wegweisend und versammelten sich hinter dieser Ideologie. Erst später erkannten viele, wie Vera Lengsfeld und andere, dass diese Bündnis-Grünen-Vorstellungen mit viel Unfreiheit zu tun hatten. In der ostdeutschen Bevölkerung kam diese grüne Partei nie richtig an: Die wollten ja die Menschen bevormunden, erziehen, ihnen ein bestimmtes Lebensmodell aufzwingen, so wurden sie im Osten wahrgenommen und das passte den Menschen nicht. Meine persönlichen Erfahrungen deckten sich mit derartigen Eindrücken. Waren es doch die Grünen in Brandenburg, die missliebige Fernsehjournalisten aus Stadtparlamenten ausschließen wollten. Sie beabsichtigten sogar, die Hotelinvestoren mit Lügengeschichten aus der Stadt zu jagen. Sie bremsten die Stadtentwicklung und nahmen lieber eine dahinsiechende Hundewiese anstelle eines florierenden Wellnesshotels in Kauf. Engstirnig, bevormundend und starrköpfig verfolgten sie ihre Ziele, sie sprachen immer von mehr Demokratie – in Wirklichkeit verfolgten sie diejenigen, die anderer Meinung waren, intolerant und einseitig, so habe ich die Grünen hier erlebt. Ja, man kann schon davon sprechen, dass sie ihre Parteistruktur in Brandenburg an der Havel ähnlich wie eine Sekte organisiert hatten. Im Stile eines Geheimbundes organisierten sie ihr Innenleben. Während alle anderen Parteien vor der Kommunal- und Landtagswahl 2019 die Medien öffentlich zu ihren Parteiversammlungen einluden und ihre Kandidatenlisten öffentlich machten, übten sich die Bündnisgrünen in Geheimniskrämerei: Keinerlei Transparenz, die Presse wurde erst gar nicht zu den Parteitagen eingeladen. Auch erhielten wir vom Fernsehen keine Informationen. Über Vorstandswahlen erreichte uns keine einzige Pressemitteilung. Wir nannten die handelnden Personen bei den Grünen nur noch Öko-Diktatoren. Schlimmere Verstöße gegen die Pressefreiheit waren auch im SED-Regime nicht zu verzeichnen. Das Absurde: Im Stadtparlament forderten diese Grünen, die anderen ihr Leben vorschreiben wollen, für die

Stadtentwicklung des schönsten Wassergrundstückes in der Havelstadt eine umfassende Bürgerbeteiligung. So grotesk, dass es nicht umsetzbar ist. Würde man danach verfahren, wäre noch in 30 Jahren keine Bebauung und Entwicklung realisiert.

Die touristische Entwicklung hier im Havelland wird nun schon seit Jahren durch die Betonpolitik vieler Parteien und Organisationen verhindert, die sich einfach der veränderten Zeit nicht anpassen wollen. Nicht der Gast, der die Region besucht, steht bei denen im Mittelpunkt, sondern der Einwohner in seiner ganzen Schlichtheit, der am besten alles so vorfinden soll wie vor 30 Jahren. Touristische Ratschläge von Experten werden sträflich missachtet, jede Bebauung am Ufer ist ein Eingriff in die Natur, sagen diese Öko-Diktatoren, die kein Haar besser sind als die verknöcherten Stalinisten der SED. Verhinderer des Fortschritts und die begegnen dir immer noch an jeder Wegegabelung im Osten. Was könnte man hier nicht alles erschließen, ein touristisches Eldorado am Wasser, nur vergleichbar mit den herrlichen Seen und Bergen in den Alpen. Aber es passiert kaum was und so bleiben auch jüngere Touristen fast gänzlich aus, obwohl hier phantastische Wassersportmöglichkeiten vorhanden sind, und man eine Erlebnisgastronomie vom Feinsten aufbauen könnte. Stattdessen vegetiert das schönste Grundstück der Havelstadt am Wasser vor sich hin, solvente Touristen finden kein ansehnliches Quartier, kein Wellnessbereich wird angeboten, und die Hauptstraße hat im Bereich Havelufer das Flair einer runtergekommenen Butze mit der Ausstrahlung DDR, wie sie leibt und lebt. Nun ist es ja nicht so, dass sich kein Westdeutscher nach der Wiedervereinigung in den Osten traute, der kein Abzocker oder Besserwessi war, aber irgendwie reden Ossis und Wessis auch heute noch aneinander vorbei.

Gerade im Bereich Touristik gibt es einen cleveren Touristikmanager, der vorher im Schwarzwald tätig war und der weiß, wie der Hase lauft. Aber die Brandenburger sind oft stur und sehr kritisch gegenüber Veränderungen. Was in der DDR gut war, muss jetzt nicht unbedingt schlecht sein. Man hält fest an zahlreichen

Insignien der DDR, dazu zählt die Gartendatsche, genauso wie das Grillen mit Freunden am See, und für die Eltern ist eines klar: Sobald der Sprössling ein Jahr alt ist, muss das Kind in die Kita. Vier Assistentinnen habe ich während meiner Amtszeit verloren, die alle hintereinander schwanger wurden. Gut, Elternzeit wird akzeptiert, aber auch danach ging die Malaise weiter. Die einjährigen Knirpse waren ständig krank und die Mütter mussten ihre Kinder ständig aus der Kita abholen, das ging morgens in der Redaktion schon los: Anruf aus der Kita: Das Kind hustet und schnupft: Mutter fährt los, meldet sich fürs Kind krank. Es ist bis heute nicht zu vermitteln, dass Kinder mit einem Jahr noch über ein äußerst schwaches Immunsystem verfügen und sich sofort anstecken. Ergebnis: Keiner hat was davon, dass Kleinkinder schon so früh von der Mutter getrennt werden. Das war halt schon zu DDR-Zeiten so, Punkt fertig aus, also muss es gemacht werden. Man fragt sich nur, wie Mütter im Westen, die auch berufstätig waren, das geschafft haben. So viel Kindergartenplätze hat es im Westen nie gegeben, dass noch halbe Babys mit einem Jahr einen Anspruch auf einen Hortplatz gehabt hätten. Als die Mauer fiel, schien neben dem Begrüßungsgeld und dem neuen Konsumrausch bei vielen die nun vorhandene Reisefreiheit das höchste Gut. Doch das relativierte sich schnell. Zahlreiche junge Leute hauten ab, versuchten sich im Westen was Neues aufzubauen, wollten ran ans Geld und den Speck. Diejenigen, die dablieben, richteten sich ein in ihrer kleinen DDR und reisten genau dahin, wo sie schon zur strammen Diktaturzeit hingereist sind. Nämlich an die Ostsee. Das Paradies um Rügen und Warnemünde ist bis heute das gefragteste Modell Osturlaub. Da kann man ja auch nichts falsch machen, denn das kennt man ja. Nur die wenigsten fliegen irgendwohin und auch Städte- und Bildungsreisen sind wenig gefragt. Eines eint Ost- und Westdeutsche und teilt sie auf der anderen Seite auch wieder. Ostler machen kaum Urlaub in Westdeutschland, der Ostharz ist die Grenze und auch die meisten Westdeutschen haben wenig Bock auf einen Ausflug in ostdeutsche Gefilde. Ein Dresden-Besuch vielleicht mal, aber das ist dann schon das Höchste der Gefühle.

6.

Die DDR wird weitergelebt – Ehrungen, Medaillen und Urkunden

Es gibt Gewohnheiten, die werden bis auf den heutigen Tag im Osten nicht aufgegeben, und die verwundern Menschen, die den Schritt hierhergewagt haben, immer wieder aufs Neue: Es gibt nichts und niemanden, der hier nicht ständig ehrt und jubiliert. Hier feiert Hinz und Kunz Jubiläum, auch wenn es niemanden interessiert. Als Journalist soll man dann bei jeder Kaffeetafel dabei sein, sonst sind alle sauer. Man muss dann auch jeden Einzelnen begrüßen und kennen: „Wie? Sie kennen den 4. Vorsitzenden der Volkssolidarität nicht." Einladungen prasseln täglich ins Redaktionsgebäude, es vergeht kaum ein Tag, wo nicht Jubiläum gefeiert wird. Manche Einrichtungen feiern ständig, kaum hat man die eine Feier verlassen, steht schon die nächste Fete an. Oft sieht man dann auch dieselben Menschen, bei deren Feier man gestern war, am anderen Tag bei der nächsten Feier wieder. So läuft das, man kann nicht mehr ausweichen. Nun ist es so, dass solch eine Feier ja nicht einfach nur ein Grund zum Freuen ist, sondern bevor es an die Schnittchen geht, liegt ein harter steiniger Weg für alle Gäste. Meistens werden bis zu zehn Festredner aufgeboten, die sich aber allesamt nicht kurzhalten, sondern oft minutenlang schwadronieren. Und wer da alles redet, man glaubt es oft kaum, Wiederholungen sind natürlich Programm, aber einer hält sich für wichtiger als der andere. Es ist ein Wahnsinn, solche Veranstaltungen zu überstehen und sie finden hier fast täglich statt. Spätestens beim vierten Redner hört keiner mehr im Saal hin, dennoch unverdrossen geht es weiter. Wenn aber nun dieser Part überstanden ist, gibt es eine weitere Kategorie, die auch sehr ostlike ist. Jeder der Redner und mindestens zehn andere aus dem Auditorium müssen geehrt werden. Irgendein Grund ist schnell gefunden, so kriegt die Leiterin der Stadtbibliothek hier auch mal flugs den Touristikerpreis. Hier werden sich alle Nadeln and Revers angeheftet, die da sind, Urkunden verteilt oder Blumen verschenkt. Bei manchen Geehrten denkt man ernsthaft darüber nach, wo der all den Plunder überhaupt unterbringt. Manche werden so oft geehrt, wenn die mal sonntags nix kriegen, leiden die garantiert an Entzugserscheinungen. Für was man auch so alles geehrt werden kann, es gibt da keine Grenzen. Im Westen habe ich diesen Drang, sich ständig zu exponieren, so nicht erlebt. Der frühere Kämmerer Klaus Deschner, später erfolgreicher Theatergeschäftsführer, stammt aus dem badischen Wiesloch und ist in Brandenburg heimisch geworden. Mit einem aber nicht. Bei jeder Feier zu quatschen: Er versteckte sich lieber und ließ andere reden. Eine großzügige Geste, zurückhaltend, bescheiden und eh kein großer Redner: Im Osten wird hier mit viel mehr Pomp und Gloria gefeiert als im Westen. Man wird auch ständig eingeladen und kann sich dem kaum entziehen. Als Journalist kann man eigentlich nur nachts die Stadt verlassen – sonst kann es einen passieren, dass man gestellt und gefragt wird: Wohin des Weges? Man muss auch immer bei allem dabei sein, überall soll die Kamera surren.

Ein Privatleben gibt es eigentlich auch nicht. Wo man hinkommt, soll man berichten. Selbst bei einem privaten Theaterbesuch posieren die Menschen, weil sie denken, gleich gefilmt zu werden.

Ja, Ehrungen, Medaillen, Orden, Urkunden, Auszeichnungen, damit sind viele in der DDR aufgewachsen. Daher ist es für die meisten ganz selbstverständlich, dass dieses Ritual bis heute fortgesetzt wird. In extenso wird das Blech umgehängt, manchmal weiß man gar nicht, wofür. Da kriegt z.B. die Stadtbibliothek den Touristikerpreis, nur weil dort manchmal übers Havelland vorgelesen wird. Ja, ja, diese Unterschiede: Über die stolpert man jeden Tag.

Haben doch die Menschen hier in einer Diktatur gelebt und dennoch überlebt. Den Glücksfall parlamentarische Demokratie erlebten die Westler, ohne was dafür zu können. Da fängt es aber auch schon an: Die Spezies Bürgerrechtler kennt man im Westen nicht, dort denkt man in diesem Zusammenhang höchstens an ein paar wilde 68er, die mehr miteinander kämpften, als irgendein Ziel zu haben. Die Auslieferung der BILD-Zeitung zu verhindern ist im Vergleich zur zwangsweisen täglichen Lektüre Neues Deutschland eine vollkommen neurotische Idee. Wenn man alles hat, muss man halt gegen etwas sein. Das sah in der DDR natürlich völlig anders aus. Wenn sich da einer getraut hätte, die Auslieferung vom Neuen Deutschland zu verhindern, der hätte in seinem Leben nur noch die Anklageschrift wegen staatsfeindlichem Terrorismus gelesen. Deswegen haben die Menschen im Osten völlig verschiedene Lebenserfahrungen, und zu mir kamen ins Studio Bürgerrechtler, die wirklich teilweise unter Einsatz ihres Lebens Dinge gemacht haben, die Westdeutsche gar nicht begreifen können und auch nicht wollen.

Da waren Fluchthelfer, die unter Lebensgefahr Menschen im Auto versteckten. Menschen, die gegen den Staat opponierten, dafür im Gefängnis landeten, für Kleinigkeiten verhört wurden oder Berufsverbot erhielten. Jede Geschichte, die mir im Studio erzählt wurde, erzeugte Gänsehaut, und man fragte sich, wäre ich auch so mutig gewesen, hätte ich das in vergleichbarer Situation auch gemacht? Nun, die meisten Menschen in der ehemaligen DDR haben sich natürlich irgendwann auch mit dem System arrangiert, meistens blieb die Flucht ins Privatleben oder in die Datsche. Auch heute noch sind die Gartenfreunde ein Symbol der ehemaligen DDR und ein politischer Faktor im kommunalen Bereich. Dennoch, die Menschen im Osten mussten in einer Diktatur leben, manche fast ihr ganzes Leben, kannten die Freiheiten des Westens nicht, lebten eingeschränkt und viel bescheidener. Wie damit zurechtkommen, das prägt natürlich und die Westler haben ja bis heute nie richtig den Versuch unternommen, die Menschen in der DDR zu verstehen oder ihnen sogar Lob zu zollen für ihre Entbehrungen. Deshalb wächst da auch nichts richtig zusammen. Es waren völlig andere Lebensumstände, die bis heute prägend sind. Warum interessieren sich Westdeutsche nicht für die Biografien von Bürgerrechtlern und bleiben ihren Vorträgen fern. Als Biermann noch Stimmung gegen die DDR aus Hamburg machte, kaufte man in der BRD seine Platten, heute interessiert sich niemand im Westen mehr für ihn.

7.

Der Sturz des Europaparlamentkandidaten Simon Vaut

Es war ein heißer, stickiger Tag, im Juni 2018. Im Technologiezentrum der Havelstadt waren die Delegierten des SPD-Unterbezirkes zu ihrem Parteitag zusammengekommen. Neuwahlen für den Vorstand standen an. In Russland lief die Fußballweltmeisterschaft und in Brandenburg an der Havel nahm ein ungewöhnlicher Parteitag seinen Lauf. Ungewöhnlich deshalb, weil plötzlich eine Phantomfigur die Hauptrolle auf diesem Parteitag übernahm. Alt-Sozi Hubert Borns (stammt aus Hessen-Süd, „Die Partei hat immer recht") schlug einen Kandidaten für den Vorstand vor, den bisher auch die ortsansässige Journaille noch nie zu Gesicht bekommen hatte. Simon Vaut hieß der Heilsbringer, der vorgeschlagen wurde: Ein ehemaliger Redenschreiber von Sigmar Gabriel, eine Koryphäe, ganz einfach ein toller Hecht, so die Beschreibung. Vaut wurde in Abwesenheit in den Vorstand gewählt. Der Vorsitzende war happy, später wurde Werner Jumpertz mit dem Satz zitiert: „Der bringt Glanz in unsere Hütte." Vaut selbst drückte sich später eher abfällig über diese einfache, lockere Wahl aus: Ironisch kommentierte er es so: „Die haben nicht lange gefragt, die haben mich freundlich aufgenommen." Vaut war gewählt. Mich beschlich ein seltsames Gefühl – irgendetwas schien mit dem Kandidaten nicht zu stimmen. Kaum war er gewählt, setzte er sich in Szene, als unser Beitrag über den SPD-Parteitag im TV veröffentlicht wurde. Er war mit dem Inhalt nicht einverstanden, insbesondere mit einer Szene, als ein Kranz für den 17. Juni, der vor dem Tagungsraum lag, für eine Art Symbolik über den maroden Zustand der SPD verwendet wurde. Die Art, wie er dann kritisierte, zeigte aber schon frühzeitig sein gestörtes Verhältnis zur Realität: Er sah sich als etwas Besonderes an, der über anderen stehe. Eine Hybris von seltsamem Ausmaß, die der Reporter zu spüren bekam: Er erhob Beschwerde bei der Medienanstalt Berlin-Brandenburg gegen den Beitrag, die noch am selben Tag abgebügelt wurde. Doch das genügte ihm nicht, er war gereizt und beleidigte mich per Twitter, dass ich die Opfer des 17. Juni verhöhnt hätte.

Was für ein überzogener Irrsinn. Gerade der Autor hat in zahlreichen TV-Beiträgen das Unrecht des 17. Juni immer wieder angesprochen, ausführlich dokumentiert und sogar regional aufgearbeitet. Simon Vaut hat dies in Frage gestellt und mich diskreditiert. Umso intensiver beobachtete ich fortan den Mann, der sich aufführte, als hätte er die Havelstadt-SPD neu erfunden. Wie dann später aus den Chat-Protokollen herauszulesen war, hatte er die SPD in Brandenburg mittlerweile geschickt benutzt. Das Führungspersonal hinterfragte aber gar nichts mehr, es war mittlerweile willfähriges Werkzeug in der Hand des Simon Vaut: Der tischte ihnen ein Lügenmärchen nach dem anderen auf, erzählte auf dem Altstadtfest was von einer Freundin, die in Brandenburg wohne. Die Genossen aus der Havelstadt waren so geblendet von dem Großkotz aus Berlin, der unentwegt damit prahlte, dass er ein wichtiger Mann im Wirtschaftsministerium sei. Später, das haben die Chat-Protokolle hergegeben, wurde deutlich, wie abfällig er sich über die Provinzler in der Havelstadt äußerte: „Die haben doch nicht nachgefragt, die haben mir alles geglaubt." Oft erschien der neue Star der Havelstadt-SPD nicht in Brandenburg, auch die meisten Vorstandssitzungen verpasste er. Vaut hatte andere Ziele, Größeres vor. Er hielt in Berlin Kontakt zur Atlantikbrücke, verkehrte mit einflussreichen Größen im Soho Club, was scherte ihn das kommunalpolitische Geplänkel der Genossen der Havelstadt. Die sollten ihm nur helfen, größere Ziele zu verfolgen. Im September 2018 kam dann die erste große Chance für Simon Vaut. Die Brandenburger SPD wählte auf einem Sonderparteitag in Wildau ihren Europakandidaten. Gesetzt vom Landesvorstand, also immerhin gewünscht vom Ministerpräsidenten Dietmar Woidke, sollte die 32-jährige Ex-Juso-Chefin Maja Wallstein Europakandidatin werden. Aufgrund des Gerangels um die Bundesliste hätte sie wohl im Falle eines Wahlerfolges einen aussichtsreichen Listenplatz, sprich Position 12, erhalten.

Bei der letzten Europawahl hatte die SPD noch 27 Prozent abgeräumt. Davon konnten sie dieses Mal wahrlich nur träumen. Doch die Sache mit Wallstein behagte den Havelstadt-Genossen nicht so richtig. Sie hatten andere Pläne, wollten endlich mal wieder groß herauskommen, waren sie doch jahrelang wegen ihrer Misserfolge das Stiefkind der Brandenburger Landes-SPD. Die Parteiführung um Werner Jumpertz und Ralf Holzschuher, gestürzter früherer Innenminister, ausgemusterter Landtagskandidat, blies zur Revolte: Sie nominieren Simon Vaut als Gegenkandidaten.

Simon Vaut – Die neue Hoffnung am SPD-Horizont

Der Aufstand in Wildau gelang. Die Favoritin des Ministerpräsidenten Dietmar Woidke, Maja Walkstein, wurde vom neuen Hoffnungsträger der brandenburgischen SPD weggefegt. Eine kleine Sensation, Vaut riss die Parteimitglieder, zuletzt arg gebeutelt nach der Blamage mit der Kreisgebietsreform, einfach mit. „Wir sind Brandenburger" wurde zu einem wahren Schlachtruf im Saal, wir sind die stolze Brandenburger SPD. Niemand ahnte, dass da ein Mann motiviert, der das Land Brandenburg eigentlich nur von der Landkarte kennt. Der gebürtige Hamburger und Wahlberliner Vaut inszenierte sich so geschickt, dass er das Rennen gewann. Was keiner in der Halle damals auch nur ahnte, Vaut hatte in seiner Bewerbungsrede gelogen, getrickst und getäuscht. Zwei Personen, die seinen Erfolg miterlebten, wussten Bescheid. Sie mussten sich seine Lügen anhören. Einmal die Mutter, die natürlich nie ihren eigenen Sohn reinreiten würde. Völlig verständlich. Zum anderen eine langjährige Bekannte, die an diesem und an den nächsten Tagen schwieg. Aber irgendwann konnte sie aus Gewissensgründen nicht mehr ruhig bleiben und offenbarte sich unserem Fernsehsender. Schier unglaublich, was Vaut auf dem Europawahltag abzog: Er gab sich als Einwohner von Brandenburg an der Havel aus, lullte die Delegierten mit einer weinerlichen Emotion ein: Das war schon nahezu genial gelogen, als er sagte, der RE 1 von Berlin nach Brandenburg an der Havel um 18.07 sei das Schönste am Tag für ihn. Das muss man erst einmal hinkriegen, so gnadenlos zu lügen. Brandenburg an der Havel hat den SPD-Snob nie wirklich interessiert. Er turnte weitaus lieber in Berlin auf SPD-gesteuerten Partys der Atlantikbrücke oder im Soho Club herum. Die regionale Welt von Brandenburg interessierte ihn nie, alles viel zu klein für den Mann, der von Brüssel träumte. Sein Meisterstück lieferte er dann aber bei der Kandidatenvorstellung ab, als er seine Bekannte kurzerhand zu seiner Partnerin erklärte und diese angebliche Liebe, ohne rot zu werden, auch noch gegenüber der Menge beschwor. Seine Bekannte stammt zwar aus dem Havelland, aber vor sechs Jahren hat sie zuletzt die Havelstadt betreten. Mit diesem dreisten Lügengebilde brachte er den Parteitag auf seine Seite und sowohl Maja Wallstein als auch der Ministerpräsident waren ausgestanzt. Unfassbar, dass ein Ministerpräsident eines Landes nicht in der Lage ist, seine eigene Wunschkandidatin durchzubringen. Was für ein schwacher Ministerpräsident? Wallstein hatte als Frau einen herausragenden Listenplatz erhalten, wäre nach Brüssel gefahren. Vaut auf Platz 22 der bundesweiten Wahlliste, ein Kandidat ohne Chancen für Europa, bei der Dauerschwäche der Sozialdemokraten. Hier setzt sich das Fehlverhalten der Genossen in der Havelstadt fort: Ralf Holzschuher, der geschasste Ex-Innenminister, Umfaller bei der Kreisreform, hielt eine flammende Befürworterrede für den Hochstapler, obwohl er ganz genau wusste, dass die sogenannte Lichtgestalt Vaut sich vor Ort in Brandenburg nie sehen ließ. Aber egal, er kann einem ja immer noch nutzen. Genossentreue nennt man das, sich gegenseitig die Posten zuzuschieben. Der Parteivorsitzende Werner Jumpertz aus der Havelstadt, ein eitler Genosse von vorgestern, sah sogar durch Vaut Glanz in der Hütte der einsamen, schon als Trümmertruppe abqualifizierten Havelstadt-SPD. Ihm war es vollkommen gleichgültig, ob der sich in der Havelstadt überhaupt sehen lässt. Hauptsache, sich im Augenblicksruhm zu sonnen. Es sollte alles noch viel schlimmer werden. Nach seiner Wahl war Vaut zunächst nicht mehr zu halten, er wollte nun richtig durchstarten: Sofort kündigte er an, dass er sich im Wirtschaftsministerium für mehrere Monate beurlauben lassen wolle, um anständig Wahlkampf machen zu können. Doch irgendwie plagte ihn ein schlechtes Gewissen, wie wir dann später aufgrund der Chat-Aufzeichnungen seiner Bekannten erfuhren. Er hatte ja gegenüber dem SPD-Unterbezirk angegeben, dass er mit Partnerin in der Kurstraße wohne. Doch weder er noch seine angebliche Partnerin wurden jemals in der Stadt gesehen. Wie wir später erfuhren, war der Herr Simon Vaut nur einmal bei einer Unterbezirksvorstandssitzung der SPD vor Ort anwesend. Lokale und regionale Politik interessierte ihn wenig. Er brauchte diesen lokalen Apparat nur dafür, seine eigene Karriere voranzutreiben. Und wie wir wissen, war bei dem Karrieristen alles cool und strategisch geplant. Er wollte nichts dem Zufall überlassen und hielt sich für schlauer als andere. Auch seine Bekannte, die später als Informantin ihn hochgehen ließ, unterschätzte er. Dass sie intelligenter und strategisch klüger als er selbst war, ging an ihm vorbei: Er hatte sich verschätzt. Die Bekannte war sauer, dass er einfach ohne Einwilligung Fotos vom Parteitag in diversen Medien und Social-Media-Plattformen von ihr veröffentlichte, dazu auch noch mit der ungeheuren Behauptung, sie sei seine Freundin. Dabei war sie mit zwei männlichen Bekannten von ihm zum Parteitag angereist, um ihm einen Gefallen zu bereiten. Vaut hatte Doreen gebeten, ihn zu begleiten. Mehr nicht, alles andere ist Phantasie. Dabei konnte Vaut sogar noch froh sein, dass Doreen überhaupt mitkam. Hatte er sie zuvor nicht schon genug dirigiert? Er konnte schon ein richtiger Macho sein, wenn es darum ging, Doreen in der Öffentlichkeit zu erniedrigen. Bei der Atlantikbrücke und im Soho Club in Berlin wurde sie einigen seiner snobistischen Genossenfreunden vorgestellt: Da Doreen ja aus Brandenburg stammt, meinte einer der ganz Wichtigen da, aha aus Brandenburg, also frühere DDR, eigentlich müssten sie ja dann Jacqueline heißen. Was für eine geschmacklose, niveaulose Bemerkung: Doch Vaut sprang ihr nicht zur Seite, das enttäuschte und verletzte sie. Vaut wurde immer hochmütiger, er fühlte sich schon oben in der Nomenklatura seiner Partei angekommen und wollte als früherer Redenschreiber von Sigmar Gabriel mit weiteren Spitzengenossen glänzen. Zu seinem 40. Geburtstag lud er Franz Müntefering, den früheren SPD-Vorsitzenden, ein. Der sagte auch zu und nun plötzlich wollte Vaut wieder was von Doreen – er wollte Münte imponieren, der ja auch schon seit Langem mit einer wesentlich jüngeren Frau verheiratet war. Und ausgerechnet der jüngere, attraktive Vaut, der 1,98 m große Hüne, hatte keine Freundin. Da fiel ihm wieder Doreen ein, die könnte sich doch vor Münte als seine Freundin verkaufen. Aha, jetzt erinnerte er sich wieder an sie. Als er anlässlich ihres Geburtstages Interesse vorheuchelte, er würde gerne ihre Urlaubsbilder ansehen, schaute er diese im Gegensatz zu den anderen Gästen noch nicht mal an, ignorierte sie vollkommen.

Wenn er sie aber brauchte, sollte sie parat stehen. Sie gab ihm einen Korb für die Müntefering-Show und schloss sich kurzerhand einer Freundin an und flog mit ihr nach Sri Lanka in den Urlaub.

Vaut merkte inzwischen, dass sein Schwindel mit der Brandenburger Adresse auffallen könnte und bekam es mittlerweile mit einer eifrigen Angestellten der Parteibuchhaltung zu tun. Diese forderte den SPD-Blender auf, ihr nun endlich mal auch seine Brandenburger Adresse mitzuteilen. Vaut bekam kalte Füße und teilte der Parteibürokratie mit, diese habe sich geändert. Nun begann ein Schurkenspiel, das niederträchtiger nicht sein kann, und wieder zog er Doreen mit rein. Diese war mittlerweile vollkommen bedient. Sie war maßlos sauer, dass ihr Bild immer noch im Internet an seiner Seite unverpixelt zu sehen war. Nun brachen alle Dämme, wie der SKB aus den späteren Chat-Auszügen zwischen ihm und Doreen hautnah erleben konnte.

Vaut wollte sich was einfallen lassen, eine neue Adresse musste her, und er war sogar, wie er Doreen schrieb, bereit, sich in Brandenburg an der Havel eine Wohnung zu mieten. Daher sprach er den Vorsitzenden der SPD, Werner Jumpertz, an, der ihm bei der Wohnungssuche helfen sollte. Doch der Genossenmakler winkte ab, eiserne Nibelungentreue unter Sozen war die Losung, so auch bei Jumpertz, aber wie: Es war ein Schurkenstück, was der ehemalige erfolglose Geschäftsführer der städtischen Verkehrsbetriebe nun aufführte, er wollte, um sich selbst im Glanze des Emporkömmlings zu sonnen, diesem bei dessen Tricks und Täuschungen helfen. Jumpertz hatte also im Gegensatz zu Vaut nicht nur die Idee, diesem eine Wohnung zu besorgen, sondern ganz im Gegenteil, er erfand die Story vom notleidenden Genossen, um sich später als Retter und Wohltäter feiern zu lassen. Daher lehnte er das Ansinnen von Vaut ab und versuchte den angeblich prominenten Genossen, irgendwo in einem

Sozenstall unterzubringen. Der zunächst angesprochene Genosse Alfredo Förster lehnte ab, er bot lediglich an, Vaut zur Untermiete einzuquartieren. Doch das war nicht im Interesse von Jumpertz, nein, bezahlen sollte der Genosse Vaut nun wirklich nicht. Jumpertz drückte noch mehr auf die Tränendrüse, er erfand die Geschichte, dass der arme Vaut des Nachts aus der Wohnung seiner Freundin in der Havelstadt geflogen sei, mit einem Koffer auf der Straße stand, und nicht mehr wusste, wo er hinsollte. Mit der Mär des hilflosen Vaut räumte später in unserem TV-Interview Alfredo Förster auf, der schilderte, wie es wirklich war. Jumpertz kannte keine Grenzen mehr. Er besorgte Vaut bei der Genossin Britta Kornmesser eine Fake-Adresse und ab sofort änderte die Fraktionsvorsitzende Britta Kornmesser ihr Klingelschild. Neben ihrem eigenen Namen stand nun Simon Vaut auf dem Klingelschild. Vaut erschien nie in dieser Wohnung, übernachtete dort kein einziges Mal, aber das Schild blieb hängen: Die Tarnadresse war gefunden. Vaut selbst kam in der Folgezeit nur sehr selten nach Brandenburg an der Havel, aber er fühlte sich sicher, so sicher, dass er bei der missbrauchten Bekannten Doreen auspackte: „Tut mir leid, habe hier in Brandenburg nicht die Wahrheit gesagt, habe ihnen erzählt, dass ich hier wohne und dich als Partnerin habe." Vaut gestand sein komplettes Lügenmärchen Doreen und verlangte sogar noch Verständnis für sein schäbiges Verhalten von Doreen. Diese reagierte inzwischen immer gereizter auf Vauts Lügen, war ohnehin sauer, weil er in diversen Veröffentlichungen ihr Bild publizierte und das Märchen von einer Beziehung auf diversen Social-Media-Plattformen kursierte. Sie war entsetzt über Vauts Lügenstorys und forderte ihn auf, sich der SPD zu offenbaren und das Lügengebilde platzen zu lassen. Doch das tat der Schwindler Vaut nicht. Der war mittlerweile von einer solchen Hybris gefangen, die schon narzisstische Züge aufwies, dass er gar nicht mehr daran dachte, hier zurückzustecken. Als wir einen Beitrag über das Klingelschild bei Britta Kornmesser brachten, und noch spekulierten, sendete er dieses TV-

Stück an Doreen und machte sich schon lächerlich über unsere Recherche: Abgehoben, selbstsicher, so gerierte er sich auch weiter bei Doreen, er bemerkte nicht, dass sich die Schlinge um seinen Hals immer enger zog.

Unsere Informantin Doreen amüsierte sich in keiner Weise über unsere Enthüllung mit dem Klingelschild. Sie war vielmehr entsetzt über das weitere Vorgehen von Simon Vaut. Was sie nicht mehr losließ, war der Gedanke, dass Vaut erneut eine Frau in sein dunkles Spiel mit hineinzog. Britta Kornmesser, die SPD-Stadtverordnete, hatte an ihrem Haus ein Klingelschild angebracht, das neben ihrem auch den Namenszug von Simon Vaut zeigte. Doreen konnte das Ganze noch nicht richtig einordnen und wandte sich an unsere Redaktion: Sie wollte nun endgültig an die Öffentlichkeit gehen, um andere zu schützen, wie sie immer wieder, auch später, betonte. Sie nahm per E Mail Kontakt mit unserer TV-Redaktion auf und wir vereinbarten ein Treffen in Potsdam. Im Café Heider im Holländischen Viertel lernte ich Doreen kennen. Eine freundliche, eloquente und intelligente Person, die sehr offen über ihre Erfahrungen mit Simon Vaut berichtete. Stundenlang erzählte sie dem Reporter jedes noch so kleine Detail über ihre Bekanntschaft mit Simon Vaut. Eines wurde deutlich: Sie konnte es selbst nicht verstehen, warum sie so lange geschwiegen hatte. Der Reporter hörte gebannt ihrer Geschichte zu und fragte immer wieder nach, ob sie denn Beweise für die Tricks und Täuschungen von Vaut habe. Das sei schwierig, wiederholte sie immer wieder, sie könne höchstens mal bei ihrem Anwalt nachfragen, ob der noch etwas Schriftliches habe. Nach ihren Angaben hatte Vaut ihr minutiös gestanden, mit welcher kriminellen Energie er vorgegangen sei. Er hatte ihr erzählt, mit welchen Mitteln und Methoden er operiert habe, um die SPD zu täuschen. Der Reporter war entsetzt über die Handlungsweise von Vaut, wusste aber gleichzeitig, es wird ohne schriftliche Beweise sehr schwer, die Story glaubwürdig zu veröffentlichen. Es stand nie zur Diskussion, dass die Informantin Doreen aus der

Deckung kommt, sie wollte unerkannt im Hintergrund bleiben. Ihre beamtenrechtliche Position in einem Ministerium ließ es nicht zu, dass sie sich vor eine Fernsehkamera stellte. So verließ der Reporter etwas unbefriedigt das Café und fuhr mit dem Regionalzug von Potsdam nach Brandenburg an der Havel zurück. Doch was dann während der Zugfahrt passierte, wird man so schnell nicht wieder vergessen. Unentwegt ratterte das Smartphone und Informantin Doreen versorgte mich mit den kompletten privaten Chat-Protokollen ihrer Beziehung zu Vaut. Das war so spannend, dass ich fast den Zugausstieg in Brandenburg verpasste. Gierig las ich noch auf dem Bahnhof weiter und so langsam wurde mir immer klarer, was mir hier für Beweise geliefert wurden. Es waren Dokumente, die schonungslos aufdeckten, wie Vaut sein übles Spiel plante und ausführte. Wie er von Anfang an systematisch geplant hatte, in der Brandenburger SPD mit Tricks und Lügen Karriere zu machen. Er hatte sich die Havelstadt-SPD für seine dunklen Machenschaften ausgesucht, weil dort im Jahr 2021 ein Bundestagswahlkreis für die SPD frei werden würde.

Unverblümt schreibt er darüber, dass die Kandidatur für das Europaparlament lediglich als Experimentierspielphase genutzt werden sollte. Die örtliche Partei wurde dabei gnadenlos ausgenutzt und in den Aufzeichnungen abgewertet, gewissermaßen als naiv hingestellt. „Die hinterfragten beim Grillfest meine persönliche Situation gar nicht richtig", schildert Vaut Doreen in den Chat-Aufzeichnungen. „Es wurde zwar mal gefragt, warum ich meine Freundin, mit der ich in Brandenburg zusammenwohne, nicht mitbringe, aber wirklich wissen wollten sie nichts über mein Privatleben", schrieb Vaut. So konnte er über Monate sein Lügengebilde vor den Genossen aufrechterhalten, ohne hinterfragt zu werden. Ganz im Gegenteil: Die örtliche Parteispitze forcierte nun noch seine Karriere und unterstützte ihn sogar noch bei seinem Bemühen, Europakandidat der Brandenburger SPD zu werden. „Da kommt Glanz in unsere Hütte", jubilierte der örtliche SPD-Vorsitzende Werner Jumpertz, der selbst nur sehr wenig Glanz versprühte. Der Landtagsabgeordnete Ralf

Holzschuher hielt dann beim Parteitag in Wildau sogar noch eine flammende Rede für Vaut. Bekanntlich setzte sich Vaut bei dem Parteitag gegen die Kandidatin des Ministerpräsidenten, Maja Wallstein, durch. Es war aber auch nicht ein Unrechtsgefühl, das Vaut belastete, als er später Doreen alles gestand. Es war mehr so zu interpretieren: „Hallo Doreen, ich muss dir was erzählen, aber sei bitte nicht sauer, denn ich konnte einfach gar nicht anders handeln."

Das Geständnis:
Als ich sein Geständnis aus den Chat-Auszügen herauslas, konnte ich es erst einmal kaum fassen. Er beschreibt minutiös, wie er die SPD vor Ort angelogen hat, eine Partnerin erfand und mit Ausreden die Partei an der Nase herumführte. Keinen einzigen Tag hat er in der Havelstadt gelebt. Unfassbar, wie er dann auch noch seine Ziele beschreibt: „Ich habe das nur getan", teilt er Doreen mit, „um hier 2021 den Wahlkreis für ein Bundestagsmandat zu bekommen." Ich weihte eine Vertrauensperson ein, der ich dieses Geständnis auch vorlegte. Diese war sich sicher: Die Geschichte ist 100 Prozent wasserdicht. Der hat sich um Kopf und Kragen geredet. Der ist in der SPD erledigt, wenn das veröffentlicht wird. Darüber gibt es keine zwei Meinungen, so lautete sein Urteil. Nun ging es noch darum, die Story so abzufassen, dass es keine Angriffspunkte geben kann und nichts nach außen dringt. Niemand, außer der Vertrauensperson und dem Cutter, mit dem ich schon seit Jahren intensiv zusammenarbeite und seine absolute Loyalität schätze, war eingeweiht. Bei der Auswertung seines Geständnisses fiel mir auf, dass auch die örtliche SPD keine gute Rolle bei dem Täuschungsmanöver spielte. Immerhin wurde er in Brandenburg mit einer Tarnadresse ausgestattet, es wurde der Anschein erweckt, als hätte er einen Wohnsitz bei einer Genossin. Darauf wird später noch einzugehen sein. Wichtig war auch noch, dass die Informantin geschützt blieb, dass keine Rückschlüsse auf ihren Namen, Herkunft oder Arbeitsplatz möglich waren. Es war ja abzusehen, wie sich die Presse nach der Veröffentlichung auch auf sie stürzen

würde. Vor allem vor dem Hintergrund, dass sie ihn damals zum Europa-Wahlparteitag nach Wildau begleitet hatte. Da hatte er ihr ja im Vorfeld auch geschrieben, ob sie nicht an diesem Tag ausnahmsweise Händchen mit ihm halten könne, das wurde ihm nützen. Das hatte sie damals entrüstet abgelehnt. Aber auch im Zuge seines Geständnisses hatte er sie immer wieder gefragt, ob denn nicht doch noch eine Beziehung möglich sei. Dieses Begehren hatte sie ja immer wieder abgelehnt. Statt sich auf ihn einzulassen oder gar noch Verständnis für sein übles Spiel zu zeigen, wies sie ihn scharf zurecht und forderte ihn auf, der Partei alles zu gestehen, um weiteren Schaden abzuwenden.

Bis zur Veröffentlichung der Enthüllungsstory bestand ein enger Kontakt zu der Informantin. Sie sollte vorab wissen, was wir ausstrahlen. Wir legten ihr den Beitrag zur Genehmigung vor, sie hatte keinerlei Einwände. Bevor wir im *SKB-Journal* um 18.00 Uhr auf Sendung gingen, wurden noch einige Journalisten und der Geschäftsführer ins Studio eingeladen. Sie erlebten ein Preview, das sie alle sichtlich beeindruckte. Begleitend steuerten wir die Geschichte über Social-Media-Kanäle, kurz vor 18.00 Uhr war die Nummer auch im Netz verbreitet. Die ersten Reaktionen erfolgten noch am selben Abend: Die Enthüllung schlug wie eine Bombe ein. Journalisten aus ganz Deutschland griffen bereits online unsere Story auf und vermeldeten die Tricks und Täuschungen des Simon Vaut bundesweit. Noch am anderen Morgen trat Ministerpräsident Woidke vor die Presse und erklärte, dass es keinerlei Zweifel an der Echtheit der SKB-Enthüllung geben würde. Die SPD Brandenburg würde sich von Vaut distanzieren. Von der Liste konnte die Partei ihn nicht mehr nehmen, die Frist war verstrichen. Man will, so Woidke, ihn auffordern, einen Mandatsverzicht zu unterschreiben, falls er doch noch bis ins Europaparlament gewählt werden würde. Schockzustand bei der Brandenburger SPD: Alle Flyer, Plakate und sonstigen Werbemittel mussten eingestampft werden, die unterlegene Kandidatin Maja Wallstein sollte seine Wahlkampftermine übernehmen. Um es kurz zu machen: Der Europawahlkampf der Brandenburger SPD war beendet. Dutzende Journalisten meldeten sich bei mir in der Redaktion, wollten noch mehr von mir wissen. Der SPD-Generalsekretär Erik Stohn kam nicht durch, blieb in der Leitung hängen. Erst am Abend erreichte er mich und wollte noch wissen, ob Vaut dieses ganze Lügenmärchen systematisch geplant habe, um in der Partei Karriere zu machen. Inzwischen nahm die Geschichte ihren Lauf: Auch die großen Magazine *Zeit* und *Spiegel* stiegen jetzt ein und diese Blätter organisierten sich noch schnell Interviews mit Simon Vaut.

Doch was diese sogenannten Leitmedien dann fabrizierten, hielt dem früheren Standard dieser Wochenmagazine leider nicht mehr stand. Der *Spiegel* traf ihn in seiner Berliner Wohnung und suchte immer wieder nach Erklärungen, die sein Verhalten rechtfertigte. So geriet Vaut schnell in eine Opferrolle. Obwohl unsere Informantin den *Spiegel* nach dem ersten Online-Bericht immer wieder bedrängte, von der Rollenschilderung, sie sei seine Freundin gewesen, abzurücken, tat das Magazin dies nicht. Auch meine Intervention bei den Redakteuren Christian Teves und Veit Medick blieb ergebnislos. Obwohl aus unseren Chat-Veröffentlichungen klar hervorging, dass Doreen eine Beziehung zu ihm immer abgelehnt hatte, blieb das Blatt wahrheitswidrig bei der Darstellung, er hätte sie als seine Freundin angesehen. Unfassbare Verdrehung der Tatsachen. Relotius lässt grüßen. Schade, der *Spiegel* war mal ein Speergeschütz der Demokratie. Lang, lang ist's her. Auch die namhafte *Zeit* schaltete sich ein und versuchte, noch mit der Informantin zu sprechen. Das lehnte diese aber ab. Die *Zeit*-Redakteurin begegnete dem Fälscher und Lügner im ICE. Zum Interview hatte er seine Mutti mitgebracht. Sie, die Journalistin, irgendwie beeindruckt von Größe und Statur des Simon Vaut, glorifizierte ihn. Auch sie schrieb ihn in eine völlig unangemessene Opferrolle, die ihm einfach nicht zustand. Dass er auch noch seine Mutter mitbrachte, dafür fing er bei Twitter gehässige Kommentare ein. Sein Telefon würde nicht mehr stillstehen, tönte Vaut im narzisstischen Vokabular in der

Zeit. Früher hatte höchstens mal die *Märkische Oderzeitung* angerufen, jetzt alle Medien. Ein Mann, der schon lange keinen Realitätssinn mehr kannte.

Ein Nachspiel hatte der Vaut-Skandal auch auf der örtlichen SPD-Ebene in Brandenburg an der Havel. Natürlich versuchte die SPD hier ganz schnell, sich von Vaut zu distanzieren und so zu tun, als sei man einem gefährlichen Trickser zum Opfer gefallen. Dies entsprach aber in keiner Weise der Wahrheit. Sehr dubiose Rollen spielten hier der Vorsitzende der SPD Werner Jumpertz und die Fraktionsvorsitzende und Landtagskandidatin Britta Kornmesser. Jumpertz hatte sogar kräftig mitgemischt, um Vaut eine Tarnadresse zu besorgen. Den Stein ins Rollen brachte ausgerechnet ein Genosse aus dem Vorstand. Alfredo Förster zeigte den Mut und die Zivilcourage, die man von ehrlichen Politikern eigentlich erwarten sollte. Im Studio packte er aus: Es sei glatt gelogen, wenn Jumpertz behaupte, Vaut wäre nach einem Rauswurf bei seiner Freundin auf der Straße gestanden und hätte Werner Jumpertz um Unterkunft in Brandenburg angefleht. Glatt gelogen, Förster deckte das im Talk auf, eine Geschichte, die Jumpertz einfach so erfunden hatte. Auch eine spätere Chat-Nachricht von Vaut an Doreen beweist, dass Jumpertz gelogen hat. Vaut schrieb nämlich an Doreen: „Ich hatte nach dem Ärger mit der erfundenen Wohnung nun versucht, legal unterzukommen und zu Werner Jumpertz gesagt, er wolle nun eine Wohnung in Brandenburg mieten." Die Darstellung von Jumpertz, Vaut hätte um Unterschlupf bei den Genossen nachgesucht, ein reines Hirngespinst.

Doch Jumpertz wollte den Genossen, der plötzlich Glanz in die Hütte brachte, einfach nicht verlieren. Deshalb versuchte Junpertz alles, um Vaut so schnell wie möglich eine Fake-Adresse zu besorgen. Bei zwei Genossen wurde er vorstellig. Zunächst sprach Jumpertz Alfredo Förster an, ob er Vaut helfen könnte. Förster reagierte völlig professionell und bot Jumpertz das Zimmer seines ausgezogenen Sohnes zur Miete an: richtige Adresse, Mietvertrag und Anmeldung. Jumpertz lehnte entrüstet ab, er wusste doch damals schon, dass Vaut in Berlin wohnt und eine Wohnung in der Havelstadt ohnehin kaum nutzen würde. Jumpertz machte also das Spiel von Vaut mit, nein, er drückte nochmals auf die Tube, nur um die Mär des glanzvollen Europakandidaten aufrechtzuerhalten.

Jumpertz wollte Vaut unbedingt ein Nest in der Havelstadt einrichten. Der ehrgeizige Westimport war selbst nicht in der Lage, Glanz und Gloria zu verbreiten. Dafür wirkt er in der Öffentlichkeit immer viel zu unbeholfen und mit seinem kölschen Dialekt nahm ihn keiner so richtig ernst. Aber mit Vaut könnte er, der multifunktionale Pensionär, an Gewicht und Gestalt zulegen, dachte er. Wenn Vaut erst einmal 2021 für die SPD das Bundestagsmandat holen sollte, könnte Jumpertz geträumt haben, dann würde er als Macher eines solchen Erfolges in die Stadtgeschichte eingehen.

Jumpertz wusste genau, wen er als Herbergsmutti für Vaut ansprechen musste: Britta Kornmesser, ebensolche ehrgeizige Genossin, die unbedingt in den Landtag wollte. Außerdem sehr empfänglich für attraktive Herren, die groß und sportlich Eindruck machten. Ohne groß nachzudenken, ging sie auf das Begehren von Jumpertz ein und verschaffte ihm in ihrem Haus eine Fake-Adresse. Ab sofort stand auf ihrem Klingelschild: Vaut/Kornmesser. Was die Genossen nicht weiter störte, Vaut erschien nie in der Kornmesser Wohnung, geschweige denn übernachtete er dort. Aber er hatte willfährige Genossenfreunde gefunden, die ihn unterstützten. Als wir auf dieses Klingelschild aufmerksam gemacht wurden, entstand zunächst der Eindruck, als hätte die Brandenburger Genossin eine Affäre mit Vaut. Da wollten wir doch lieber mal nachfragen und erhielten zur Antwort: „Wir sind nicht liiert." Wir sendeten unseren ersten Beitrag in Sachen Vaut und erklärten unseren Zuschauern, dass aus der Genossenliebe nichts geworden sei. Britta Kornmesser bedauerte das sogar, indem sie seufzend erklärte: „Wäre auch zu schön gewesen, wenn sich ein attraktiver 40- jähriger Mann in mich, eine 50-Jährige, verliebt hätte." Also keine Lovestory. Aber wir waren dran und ließen nicht mehr locker. Was für ein

Schmierentheater wurde hier aufgeführt? Wir sollten dahinterkommen. Ein einziger Genosse aus dem örtlichen SPD-Vorstand wurde nun hellhörig. Alfredo Förster, ein kluger Mann, der die Parteibrille absetzen konnte, wenn es um die Wahrheit ging. Er warnte Jumpertz und Kornmesser vor unseren Recherchen und bat sie eindringlich, dieses Klingelschild mit der Fake-Adresse zu beseitigen. Doch die starrsinnigen Genossen hörten nicht auf ihn. Sie wollten durchhalten. Später, als dann alles aufflog, schaltete sich Förster noch einmal ein und erzählte bei uns im Studio ausführlich, wie und warum er die Genossen gewarnt hatte. Er bezichtigte Jumpertz sogar der Lüge und deckte im Studio auch das Klingelschildmärchen der Genossin Kornmesser auf. Jumpertz selbst, der Genossenmakler, wies jede Schuld von sich, er hätte von den Machenschaften des Simon Vaut nie etwas gewusst. Eine dreiste Lüge. Nur der örtliche Zeitungsschreiber, vor Neid wegen unserem Rechercheerfolg erblasst, hielt dem falschen Fünfziger Jumpertz noch die Stange. Der habe von nichts gewusst, jammerte der Lokalchef des Blattes. Erneut ein weiteres Beispiel für unwürdige Pressearbeit. Bis zur Kommunalwahl weigerte sich Jumpertz, die Sache aufzuklaren, Britta Kornmesser tauchte ab, erklärte sich gar nicht mehr. Bis heute haben sich beide für ihr Verhalten nicht entschuldigt. Es fehlt auch hier, wie so oft in der Politik, an Moral und Anstand.

Werner Jumpertz (SPD) – der „Genossenmakler"

Also keine Reue bei den Helfershelfern von Simon Vaut. Die ziehen ihr Ding bis heute durch ohne Rücksicht auf Verluste. Was aber ist aus Simon Vaut nach dem Skandal geworden? Zunächst einmal stellte er sich als großer Zampano den deutschen Leitmedien *Spiegel* und *Zeit* hin, ließ sich dort noch tränenerstickt in eine Art Opferrolle hineinschieben. Als Höhepunkt besuchte er mit Mutti die *Zeit*-Redakteurin zum Interview im ICE und ließ sich bedauern. Erneut aber wurde wieder sein Größenwahn deutlich, als er anmerkt: „Früher interessierte sich nur die *Märkische Oderzeitung* für mich und jetzt die großen Blätter." Der Mann hatte den Schuss noch nicht gehört. Auch sein sonstiges Verhalten – eher ungewöhnlich. Obwohl er als Referent in der Probezeit im Wirtschaftsministerium arbeitete, dokumentierte er nach außen seine Wichtigkeit weiter. Trat z. B. noch am Abend der Enthüllung als offizieller Vertreter des Wirtschaftsministeriums beim SPD-Wirtschaftsforum auf. Ein Selbstdarsteller ohnegleichen. Was folgte für ihn: Gegen Vaut wurde ein Disziplinarverfahren eingeleitet und seine Probezeit wurde verlängert.

Auch im Wirtschaftsministerium war man bedient: Erst war er einst übers Gabriel Ticket, für den er Reden schrieb, reingerutscht. Nun blamierte er auch noch das ganze Ministerium. Seine Parteikarriere war ja ohnehin futsch. Doch anstatt etwas demütig zu werden, gab er keine Ruhe. Weiter versuchte er die Informantin zu stalken. Erst versuchte er es auf die sanfte Tour, indem er sie um ein Treffen bat. Als das abgelehnt wurde, fuhr er härtere Geschütze auf. Nun begann er, Doreen wieder aggressiv zu stalken: „Du hast mir meine Karriere versaut, hast du das gemacht, weil ich keine Beziehung mit dir wollte – den Journalisten musst du ja sehr sympathisch gefunden haben, wenn du ihm schon unsere ganzen Chat-Aufzeichnungen gesteckt hast." Er drohte: „Wart mal ab, ich kann auch Dinge von dir veröffentlichen." Es hörte einfach nicht auf. Informantin Doreen fühlte sich bedroht und war mit den Nerven fix und fertig. Teilweise war sie kaum noch normal ansprechbar, ihr Charme und ihre Höflichkeit verschwanden, sie fühlte sich gejagt. Sie kapselte sich ab und nahm streckenweise am normalen Leben gar nicht mehr teil.

Es musste reagiert werden. Als Journalist, der sich für seine Informantin verantwortlich fühlte, schrieb ich Vaut einen Brief und bat ihn, das Stalken sein zu lassen. Doreen selbst nahm sich mit Joachim Steinhöfel einen Anwalt, der in der Branche nicht gerade als zimperlich gilt. Der schickte sogar eine strafbewehrte Unterlassungserklärung direkt ins Ministerium, um Vaut endlich zur Räson zu bringen. Zurzeit herrscht Ruhe, aber wie lange? Wir müssen uns nichts vormachen, mit diesem Mann ist nicht gut Kirschen essen, manchmal denke ich, die arme Doreen fühlt sich so, als würde sie auf einem Pulverfass sitzen. Ihr Leben hat sich durch diese Enthüllung kolossal geändert, aber es war wichtig, dass sie zu diesem Unrecht nicht geschwiegen hat. Sie hat sich seitdem sehr verändert, will eigentlich kaum noch jemanden sehen, verhält sich auffallend aggressiv und lebt zurückgezogen. Überall wittert sie Gefahr für den Rechtsstaat. Eine starke Persönlichkeit ist sie leider nicht, daher habe ich versucht ihr in all den Tagen immer beiseitezustehen. Die Affäre Vaut ist noch lange nicht ausgestanden.

Wie und warum die DDR und ihre Wirtschaft so schnell abgewickelt wurden und sich ein ganzes Volk in die D-Mark stürzte, ist ein immer wieder heiß diskutiertes Thema. Es sind aber nicht nur die DDR-typischen Produkte, die ab 1989 schnell aus den Regalen verschwanden, sondern auch die sozialistischen Menschen wurden weitgehend als unbrauchbar eingestuft. Verseucht von sozialistischen Ideen, so hieß es, könnte man solche Personen nicht mehr auf die Schüler loslassen, geschweige denn derartige indoktrinierte Menschen noch im Justizbereich oder in der Verwaltung einsetzen. Also begann ein Run auf westdeutsche Beamte oder solche, die glaubten, sich in der Verwaltung auszukennen. Nun überschwemmten also nicht nur durchtriebene Versicherungsvertreter, die im Westen schon kaum noch eine Polizze loswurden, den einst tiefroten sozialistischen Boden. Nun kamen auch die Glücksritter aus dem Westen, die dort nur zweite oder dritte Wahl waren, und sich plötzlich Verwaltungsexperten schimpften. Dabei machten sich diese Wessis auch noch lustig über die Verhältnisse in der ehemaligen DDR, Überheblichkeit und Standesdünkel machten sich breit, gepaart mit Arroganz und Besserwessi-Mentalität. Lehrer machten sich über die Schulen lächerlich, die unheilvolle Busch-Vokabel war nun in aller Munde. Was folgte, war ein personeller Ausverkauf. In Brandenburg, wo die SPD seit 30 Jahren regiert, und sich nach der Wende den Staat sofort einverleibte, wurden überall SPD-treue Genossen aus den alten Bundesländern eingekauft: Der Transfermarkt war eröffnet. Und da kam nun wahrlich zum großen Teil nicht die Crème de la Crème, sondern Leute, deren nahezu einzige Qualifikation das SPD-Parteibuch war. Sie besetzten die herausragenden Positionen in Justiz und Verwaltung, wurden Generalstaatsanwalt wie Erardo Rautenberg, Kämmerer in der Havelstadt wie Klaus Deschner oder OLG-Präsident wie Peter Macke oder Wolf Kahl. Bei diesen aufgezählten Persönlichkeiten handelte es sich noch um qualifizierte Westler mit dem richtigen Parteibuch, aber sie blieben die Ausnahme. Großteils wurden missratene Westimporte angeschwemmt, von einem abschreckenden Beispiel soll hier die Rede sein. Ein Kölner Jeck schaffte es in der Havelstadt immerhin bis zum Geschäftsführer der Verkehrsbetriebe. Bis heute ist sein Kölner Dialekt und sein SPD-Parteibuch eigentlich sein einziges Erkennungszeichen. Bevor er nach Brandenberg an der Havel kam, scheiterte er beruflich zuerst in Chemnitz, in der Havelstadt nahm man den Blender dagegen mit offenen Armen auf.

Dabei wandte der Parteisoldat einen billigen Trick an: Er schlich sich als bekennender Vereinsmeier in alle Vereine ein, ließ sich als Hans Dampf in allen Gassen, sowohl in den Sportvereinen als auch im Karnevalsclub feiern.

Keine Feier ohne Jumpi und am Buffet stand er immer in vorderster Reihe. Bei den Verkehrsbetrieben schob er als Geschäftsführer eine ruhige Kugel, er hatte ja seine Fachleute. Beim Reden konnte man ihm nicht zuhören, mit seinem verbrämten Dialekt verschluckte er alle Wörter, es glich einem Fiasko, wenn er öffentlich auftrat. Seine strukturellen Entscheidungen endeten im Chaos, Fahrpläne ohne Sinn und Verstand. Bei Bauarbeiten fielen ganze Straßenbahnlinien aus. Zur Kanu-WM schaffte er es noch nicht einmal, einen Bus zur Regattastrecke einzusetzen. Auch bei der Bundesgartenschau staunten die Besucher und Touristen nicht schlecht über den chaotisch organisierten Nahverkehr. Der Höhepunkt aber war und blieb sein Einkauf von Straßenbahnmodellen. Statt auf die modernen Niederflurbahnen zu setzen, kaufte er überalterte Tatra-Bahnen aus den früheren sozialistischen Bruderländern und versuchte diese aufzumotzen. Was er nicht bedacht hatte, der Einstieg in diese Bahnen war für ältere und behinderte Menschen eine Qual, teilweise unmöglich. Nach berechtigten Protesten mussten die Bahnsteige allesamt angehoben werden, damit die Leute überhaupt zusteigen konnten. Ein Fehlgriff sondergleichen, zumal nun wegen der veränderten Gesetzeslage im Behindertenrecht diese Art von Bahnen allesamt aus dem Verkehr gezogen werden müssen. Ein riesiger Schaden für die Verkehrsbetriebe. Ihn, Werner, störte das aber nicht besonders. Er wurde Vorsitzender des Stadtsportbundes und hopste als Schweinchen verkleidet beim Karneval im Männerballett umher. Zum Schreien peinlich. Ja, so ist es mit diesen Westimporten, die Bürger haben nicht nur die Bananen bekommen, sondern auch noch die Pflücker, unrühmlich auch seine Auftritte in der Politik. Auch da gab Jumpertz ein jämmerliches Bild ab.

8.

Besserwisserische Westimporte im Osten

Jumpertz, der Westimport in der Politik, ein trauriges Schicksal. Völlig unbegabt, eitel bis auf die Knochen stürzte er sich in die Brandenburger Sozialdemokratie. Schon, als er noch Geschäftsführer der Verkehrsbetriebe war, mischte er sich bisweilen ein und unterstützte folgsam alle Schandtaten der Sozen. Immerhin hatten die ihn ja auf den Stuhl des Geschäftsführers gehievt. So war es schon seltsam, dass der damalige MP Matthias Platzeck im OB-Wahlkampf 2011 von ihm mit einer Sonderstraßenbahn durch die Stadt kutschiert wurde. Wer hatte diese Sonderfahrt bezahlt? Die Frage stellten sich zahlreiche Beobachter der politischen Szene. Jumpertz darauf angesprochen und mit der Kamera konfrontiert, als er vor der Straßenbahn stand und auf seinen Ehrengast wartete, zeigte eine peinliche und beschämende Attitude. Er streckte dem Kameramann die Zunge heraus, beschämend. Seinem Ruf als Choleriker wurde er immer wieder gerecht. Als der damalige Bundestagsabgeordnete Frank Walter Steinmeier eine Sitzbank einweihte, schrie Jumpertz lautstark über den Platz: „Sie Schmierfink!" Provoziert fühlte er sich von der Anwesenheit des TV-Reporters, der einen kritischen Beitrag über den Ankauf der Tatrabahnen produziert hatte. Steinmeier musste seinen Parteifreund öffentlich zurechtweisen. Immer wieder zeigte er sich uneinsichtig – journalistische Anfragen wurden nur widerwillig beantwortet. War seine Sekretärin nicht anwesend, schrie er in die Telefonleitung: „Warten Sie halt ab, bis die Dame wieder da ist." Selbstständig konnte er nichts verfassen, die moderne Digitalrevolution ist an ihm vorbeigegangen. Er ist, wie manche sagen, ein technisches Fossil. Befremdlich seine Auftritte in der Öffentlichkeit: Wenn er bei Fragerunden langatmig im kölschen Dialekt Statements abgab, war Fremdschämen angesagt. Ganz schlimm wurde es immer, wenn er seine soziale Ader entdeckte. Dann faselte er von einer angeblichen Kinderarmut, die es zu bekämpfen gelte. Als er dann mangels anderer Kandidaten SPD-Vorsitzender in der Stadt wurde, gab es kein Halten mehr. So forderte er nun für alle Schüller ein kostenloses Frühstück: Die Stadtverordneten sollten das beschließen und über den Stadtsäckel sollte es schließlich auch bezahlt werden. Sein Argument: Viele Schüler kämen ohne ein gesundes Frühstück in die Schule, weil sich die Eltern nicht kümmern würden. Die Mehrheit der Stadtverordneten wehrten sich gegen ein staatlich verordnetes Zwangsessen. Man solle lieber den Eltern auf die Finger gucken, wenn sie ihre Erziehungspflicht vernachlässigen. Lehrer sollten das Gespräch mit den Eltern suchen, wenn sie den Eindruck hätten, dass da was schieflaufe. Jumpertz bekam den Spitznamen Mr. Pumpernickel, sein Antrag fand keine Mehrheit. Amüsant wird es immer, wenn er ans Rednerpult tritt. Als seine Partei zusammen mit Linken und Grünen einen gemeinsamen OB-Kandidaten fand, war er damit nicht einverstanden. Daher ging er ans Mikrofon und polterte: „Wir haben doch selbst viele geeignete Kandidaten, warum stellen wir nicht einen von uns auf?" Dann machte er einen seltsamen Vorschlag, indem er einen aus der Runde vorschlug, der nun wahrlich nicht die Qualifikation für ein OB-Ressort mitbrachte. Allgemeines Gemurmel, Gelächter, so werden seine Auftritte von den Mitgliedern quittiert. Seine Verwicklung in die Vaut-Affäre ist ja bereits hinreichend geschildert worden, wie er da als Genossenmakler auftrat, eine unvorstellbare Nummer, mittlerweile sind auch viele früheren Freunde von ihm abgerückt. In seiner Funktion als Stadtsportbundvorsitzender zeigte er sich gegenüber seiner Partei auch sehr generös: So ließ er seiner Freundin Genossin für den Segelverein auch stattliche Förderbeiträge zukommen. Fast alle Kommunalpolitiker unterschiedlicher Colour haben immer wieder seinen Rücktritt von dieser Doppelfunktion gefordert. Doch das prallt an ihm ab, er fühlt sich immer im Recht und alle anderen sind die Täter. In die Opferrolle schlüpfen, das ist eine seiner Lieblingsrollen. Unterstützung bekommt er dabei von einem Altgenossen, der ebenfalls im Westen groß geworden ist. Hubert Borns, ein Parteisoldat höchster Güte, ideologisch geschult in Hessen-Süd, für die Treuhand wickelte er das Brandenburger Stahlwerk ab, gibt sich gerne wie Jumpertz als Arbeiterführer aus und ist, mittlerweile Vorsitzender der Senioren-SPD und ein ungemütlicher Kamerad. Den Autor malträtiert er ständig mit hasserfüllten Botschaften. Das Resümee seiner Hetzschriften: Die Partei hat immer recht. Den größten Trickser und Täuscher in der sozialdemokratischen Landesgeschichte, Simon Vaut, dem hat er in der Brandenburger SPD den Weg geebnet, ihn als Heilsbringer angekündigt und ihn in den Vorstand gehievt. Der dritte im Bunde aus dem Westen ist der gescheiterte OB-Kandidat Jan van Lessen.

Jan van Lessen wohnt eigentlich gar nicht in Brandenburg an der Havel. Das hinderte den Banker aber nicht im Geringsten daran, in der Havelstadt für das Amt des Oberbürgermeisters zu kandidieren. Weil er sich mal in einer Bürgerinitiative gegen ein Wellnesshotel in bester Lage engagiert hatte, meinte er, das würde als Qualifikation genügen. Wohnen tut er abseits der Stadt, in einem kleinen Ort. Er hat bis heute immer so einen Standesdünkel an sich, er steht einfach bilderbuchartig für einen Besserwessi, er war einst aus dem Westen mit seiner Frau gekommen. Er kam bei der Commerzbank unter und sie, Adelheid van Lessen, wurde zur Amtsgerichtsdirektorin bestellt. So schnell geht es mit der Karriere. Irgendwann klappte es bei van Lessen mit der Bankerprofession nicht mehr. Sein Arbeitsvertrag wurde aufgelöst, der Mann musste in Frührente gehen, gerüchteweise war von Unregelmäßigkeiten die Rede. Ein echter Kapitalist in feinem Zwirn, der immer den Noblen raushing. Nun plötzlich mutierte er zum Alternativen. Die dunkel- und farblosen Roten sowie die Grünen, die auch immer roter werden, rauften sich zusammen und stellten den Mann aus dem Westen einfach gegen den CDU-Kandidaten, den bisherigen Kammerer, der aus Sachsen-Anhalt stammt. Mangels eigener Klasse im Kader setzten sie auf van Lessen, der aber die Stadt nicht kannte. Da der Banker nun links-alternativ schwadronieren musste, fiel schnell auf, dass ihm die Lagerbindung fehlte. Sozialistisches, gar alternatives Lebensgefühl kommt bei dem Mann mit dem Kaschmirpullover nicht rüber. Im Wahlkampf selbst musste er sich von Leuten beklatschen lassen, die er ansonsten noch nicht einmal auf der Straße begrüßt hätte. Es klappte nichts bei dem Wessi-Kandidaten, in der Stadtpolitik blamierte er sich bei Gesprächsrunden, weil er null Ortskenntnisse besaß. Sein Gegenkandidat Scheller ließ ihm nicht den Hauch einer Chance. Selbst beim Thema Kultur blamierte er sich komplett. Er beschwerte sich, dass das Brandenburger Symphonieorchester keine Konzerte außerhalb des Theaters gibt. Sekunden nach dem Fauxpas wurde ihm ein Zettel von einem Theatermitarbeiter gereicht, auf dem die Termine des Orchesters auf einer großen Tournee angekündigt wurden. Wie gesagt, der Mann hatte keine Ahnung und davon viel. Er scheiterte kläglich. Kratzte trotz der Unterstützung von drei Parteien nur ein Drittel der Wählerstimmen zusammen, damit war die Party beendet. Das Linksbündnis hatte auf den falschen Wessi gesetzt. Seine Frau hatte Karriere beim Amtsgericht gemacht, fiel bei der juristischen Gesellschaft meist durch unqualifizierte Beiträge auf, und versuchte sich als Tafelschirmherrin ins bürgerliche Milieu einzuschleimen. Sie sollte sich an dem Reporter, der kritisch über ihren Mann im Wahlkampf berichtete, noch rächen. Fünf Jahre Schöffe waren für mich eine hochspannende Zeit, habe das gerne gemacht, aber meine Abwahl sollte kommen: Adelheid van Lessen war vorbereitet. Meine erneute Bewerbung für das Schöffenamt ging locker in der Stadtverordnetenversammlung durch. Aber dann lehnte mich die Gerichts-Jury ab. Ach, damit hatte ich eigentlich gerechnet: Adelheid hatte sich stark bemüht, mir dieses Ehrenamt zu versauen. Raus war ich. Interessant, drei Tage nach dem Ablehnungsschreiben erreichte mich ein Brief der Vorsitzenden Richterin, mit der ich bei den Schöffensitzungen immer zusammengearbeitet habe: Sie bedauere es sehr, dass ich nicht gewählt worden bin. Hat einem in der Seele gutgetan, aber was will man von solchen Politattacken halten, die nur einen Sinn haben: Rache am Reporter nehmen. Die Frau ist klein, verhärtet und verbissen, so wie viele Wessis, die den Osten missionieren wollten. Spötter sagten, der van Lessen habe nur für das OB-Amt kandidiert, um vor seiner Frau zu fliehen. Ja, demnächst wird sie pensioniert, dann kann er, ja, dann muss er ja sogar wieder für ein Amt kandidieren, koste es, was es wolle.

Nun ist es so, dass es auch Personal aus dem Westen gab, das durchaus von intellektuellem Niveau war, aber man sollte manchen Ossi nicht unterschätzen, der mit den Gepflogenheiten des westdeutschen Kapitalismus schnell zurechtkam. Wir haben auf der einen Seite Martin Martiny, inzwischen verstorben, den eloquenten Domkurator aus bestem Stall. Er ist der Bruder der SPD-Abgeordneten Anke Martiny-Glotz, die wiederum mit Peter Glotz verheiratet war. Peter Glotz war der Cheftheoretiker der SPD, sein Werk: *Die Innenausstattung der Macht* zählt bis heute zu den Klassikern der Politpublizistik. Er war, neudeutsch würde man sagen, der Influencer der Partei, die Edelfeder. Martin Martiny gab sich immer selbstbewusst, er verkörperte nach außen den Dom. Trotz eines prominenten Domdechants, dem berühmten Theologen Prof. Wolfgang Huber, war Martiny über Jahre das Gesicht des Doms. Keiner stellte sich ihm in den Weg, er gab den Kurs vor. Nun sollte aber ein Ereignis hereinbrechen, mit dem selbst der stolze Martiny nicht gerechnet hatte. Seine Leute im Domviertel hatte er im Griff, aber mit einem ostdeutschen Investor namens Bernd Jansen hatte er nicht gerechnet. Dieser besagte Jansen war gerade dabei, die alte Mühle neben dem Dom zu sanieren und musste in der Nähe seine Baumaterialien abstellen und benötigte einen Zugang für seine Baufahrzeuge. Zwar hatte Jansen darüber mit dem Dom gesprochen und eine Vereinbarung getroffen. Diese wiederum gefiel aber dem Domkurator nicht und er untersagte Jansen, den Zugang zu benutzen. Auch eine finanzielle Einigung kam nicht zustande, zu weit lagen die Vorstellungen der beiden Parteien auseinander. Nun wurde das Kapitel vom „Domkrieg" aufgeschlagen. Gleichzeitig wurden die Medien involviert und dann ging es los. Jansen, dem der Martiny überdrüssig wurde, hängte blickintensiv neben der Domschule ein Banner mit der Aufschrift „Der Frömmste kann nicht in Frieden leben, wenn es dem bösen Nachbarn nicht gefällt" auf. Alle vorbeifahrenden Autofahrer mussten von dieser Botschaft Kenntnis erlangen. Nun schäumte Martiny und längst hatten die Medien diesen „Krieg am Dom" ausgeschlachtet und dokumentiert, wie die beiden übereinander herzogen. Unsere Domschüler können bei diesem „Krieg" nicht mehr lernen, tobte Martiny, und Jansen verwies darauf, welch enormer materieller Schaden durch die Bauverzögerung entstehen würde. Es musste vermittelt werden, das Domkapitel trat zusammen, und siehe da, der ewige Siegertyp Martiny musste eine Niederlage einstecken. Der ostdeutsche, clevere Unternehmer Bernd Jansen erhielt sein vertragliches Zugangsrecht und konnte so die schöne alte Mühle baulich vollenden. Jansen, der Oldtimerfanatiker, ist ein cleverer Bursche, mit allen Wassern gewaschen und oftmals viel schlauer als so mancher in der Finanzwelt des Westens aufgewachsener Gernegroß. Aber immer wurden ihm auch bürokratische Hürden errichtet, die eines deutlich zeigten: Viele wissen nicht, wie Investoren ticken. Als Jansen eine alte vergammelte Schule aus DDR-Zeiten aufkaufte, um dort altersgerechte Wohnungen mit Pflegeanbindung zu bauen, stieß er an seine Grenzen. Der Denkmalschutz stand ihm im Wege: Ein Dachstuhl hinderte den weiteren Genehmigungsverlauf. Jansen hätte ihn umbauen müssen, sonst wäre das ganze Gebäude eingestürzt: Dies hätte er durch seine Planer klar nachweisen können. Aber das interessierte die Denkmalbehörde genauso wenig wie den Oberbürgermeister Steffen Scheller, mit dem Ergebnis: kein Investment. Immer wieder passierten solche Dinge. Jansen verzweifelte oft, verkaufte auch seine Immobilie Altes Straßenbaudepot, weil es die Stadt nicht als Museum nutzen wollte. Das Schlitzohr Jansen fand aber immer einen Weg, um aus einer verfahrenen Situation noch eine Winner-Gelegenheit zu machen. Genial auch seine Ideen für unsere Aprilscherze im Fernsehen: Der angebliche Bau einer Moschee in bester Wohnlage am See beunruhigte einen Tag lang die Bevölkerung. Und als ein Scheich am Filetstück der Stadt eine Kupfermine mit viel Lärm und Gestank plante, kam das so realitätsnah rüber, dass die ganze Stadt in helle Aufregung geriet.

Eine ähnliche Situation erlebten auch innovative Fischer, die den Weg für ein großes Investment frei machten, dabei aber auf bürokratische Hemmnisse stießen, die in Bayern am Starnberger See oder Ammersee unmöglich wären.

Wir feiern den Geburtstag von Theodor Fontane: 200 Jahre. Landauf, landab lassen sich die Theater-, Filmleute und Buchschaffende was einfallen, um den großen märkischen Dichterstar optimal zu verkaufen. Der große deutsche Dichter aus der Mark, der in Plaue wanderte und sein Paradies fand. Doch er traf auch auf eine bemerkenswerte Person: Carl Ferdinand Wiesike: kein gewöhnlicher Landwirt, sondern ein Mensch mit bewundernswerten Einfällen, Naturliebhaber und umstrittener Homöopath. Fontane war nicht nur begeistert von den märkischen Seen, er war auch ein Mann der Lebensfreude, die er in Plaue ausgiebig genoss. In der prächtigen Villa von Wiesike wurde in lockerer Atmosphäre die eine oder andere Flasche Wein kredenzt. Eine Männerfreundschaft zweier geistreicher Männer: Doch wie wurde mit dem Erbe in Plaue umgegangen: Historisch wurde diese Villa null gewürdigt: Man ließ sie verfallen, zu einem Schandfleck verkommen. Diese ehemals stolze Statue intellektueller Inspiration ist heutzutage entwürdigt: Nur noch die Größe und Wucht dieses Gebäudes mit dem herrlichen, weitläufigen Garten, heute dschungelmäßig umkleidet, mit dem Zugang zum See, erinnert an stolze Tage.

Heutzutage ist diese Villa im Besitz der örtlichen Fischereigenossenschaft, die jahrelang einen Käufer suchte, der die ehemalige Prunkvilla für Millionen zu sanieren bereit war. Die Kaufsumme selbst stellte nicht das Problem dar, aber die Investition fürs Restaurieren, schwindelerregend hoch, ca. 2 Millionen Euro.

Die Fischer fanden schließlich doch einen Interessenten aus Berlin, der die Villa aufwändig sanieren wollte. Doch der bestand auf freien Zugang zum See, die Einwohner von Plaue sollten nicht in Ufernähe über das Grundstück trampeln. Der Weg über sein Grundstück ohnehin schwer zugänglich und absolut vermodert, ein regelrechter Dschungelpfad, den niemand aus der Bevölkerung mehr nutzte. Als bekannt wurde, dass die Fischer einen Kaufinteressenten präsentieren können, traten plötzlich die örtlichen Sozen auf den Plan: Nein, das gehe nicht, dass der neue Eigentümer die Menschen im Ort vom Zugang zum See an dieser Stelle ausschließen möchte. Und errichteten an besagter Location eine Mauer, um deutlich zu machen, dass der Weg ab sofort verschlossen war. Immerhin schufen sie einen Parallelweg, der für Touristen angelegt war, und das Grundstück Wiesike nicht tangierte. Aber dieser Natur- und Wanderweg wurde von den örtlichen Politikern nicht als Alternative angesehen. Es begann ein sinnloser Rechtsstreit – aber kann man nicht verstehen, dass jemand, der 2 Millionen investiert, um einen historischen Schatz zu retten, auch seine Ruhe haben will und nicht begeistert ist, wenn wildfremde Menschen über sein Grundstück latschen. Doch es setzte sich vor Gericht der inflexible Wille der örtlichen Politik durch und der Investor sprang ab. Seither wuchert die Villa weiter zu, und es dauert nicht mehr lange, bis sie in sich zusammenfällt. Der nächste Investor ist zwar schon im Anmarsch, aber auch er wird weiter mit bürokratischen Hürden zu kämpfen haben. Bis die alte Villa Wiesicke wieder in vollem Glanz erstrahlt, wird es dauern –aber auch in der DDR hat sich ja niemand für dieses historische Erbe interessiert. Eine Briefmarke zu Ehren von Fontane tut es ja auch. Arme verkehrte Welt, arme Fischer.

Kommen wir zu Polizei und Justiz in der Wenderepublik: Ein düsteres Kapitel: Denn Offenheit, Transparenz und Strafverfolgung stecken hier leider auch nach 30 Jahren noch in den Kinderschuhen. Erlebbar macht so was eine Polizeipressekonferenz zur Kriminalstatistik in Brandenburg. Da wird allgemein gefaselt und es als großen Erfolg bezeichnet, wenn das Delikt des Einbruchdiebstahls zurückgegangen ist. In diesem Zusammenhang erschüttert ein schlimmes Ereignis die Bevölkerung. In der Stadt Brandenburg an der Havel war ein 16-jähriger Jugendlicher nach der Rückfahrt aus Berlin von einer Gruppe ausländischer jungen Männer auf dem Bahnhofsvorplatz angegriffen und mit Tritten auf seinen Kopf schwer verletzt worden. Nur durch das Eingreifen eines vorbeifahrenden Autofahrers konnte verhindert werden, dass der Jugendliche umgebracht wurde. Schnell waren die Täter bekannt, es handelte sich um eine Gruppe junger Tschetschenen aus dem Flüchtlingsheim. Doch die Polizei unternahm nichts, obwohl sie die Gruppe kannte. Ihr Argument: Wir wissen doch gar nicht, wer genau von den Jungs zugetreten hat. Szenenwechsel: Bei der Statistikkonferenz wurde die Ausländerkriminalität bei Kapitalverbrechen wieder einmal heruntergespielt und nur durch meine journalistische Nachfrage gingen sie überhaupt auf diesen Fall ein. Ihr Argument: In dem Fall wird gar nicht ermittelt, deshalb ist er auch von der Statistik nicht erfasst. Kopfschütteln, Fragezeichen – völlig missratenes Polizeimanagement. Ausgelöst durch eine kritische Nachberichterstattung wurde nun die Polizei in dieser Strafsache doch noch aktiv. Denn wir hatten den Strafverfolgungsapparat mittlerweile damit konfrontiert, dass das Opfer durchaus in der Lage wäre, den Haupttäter bei einer Gegenüberstellung zu identifizieren. Und auf einmal ließ die Polizei die Katze aus dem Sack. Sie öffnete ihre Fahndungskiste und veröffentlichte die kompletten Straftaten dieser Tschetschenen-Gang. Da war so einiges dabei: Raubzüge, Diebstähle, Körperverletzungen – sozusagen die ganze Palette der Eigentumsdelikte. Mittlerweile wird, man glaubt es kaum, gegen alle von Seiten der Staatsanwaltschaft ermittelt. Jedoch wegen diverser Delikte teilweise an verschiedenen Gerichten. Auch gegen den Treter vom Bahnhof soll demnächst ein Verfahren eröffnet werden. 2015 war der

Polizei im Land Brandenburg nachgewiesen worden, dass sie die Kriminalstatistik gefälscht habe. Damals geschehen unter dem Innenminister Ralf Holzschuher. Von Anfang an ist in Brandenburg kein richtiger Zug drin bei Polizei und Justiz. Stellen wurden mit Wessis besetzt, die aufgrund ihrer Examensnoten in den alten Bundesländern nicht verbeamtet worden waren.

Außerdem wurden Stellen nicht ausreichend besetzt, Polizeistärke abgebaut und wegen geringer Personalausstattung wurden manche Verfahren nicht richtig betrieben. Ein Skandal reihte sich an den nächsten. Ein Drogendealer, aufgespürt wegen des größten Heroinfunds in der Geschichte Brandenburgs, musste wieder auf freien Fuß gesetzt werden, weil es der Staatsanwaltschaft nicht gelang, während der Untersuchungshaft ein Verfahren gegen ihn zu eröffnen. Namhafte Politiker forderten den Rücktritt vom Justizminister. Christian Lindner sprach von einem unerträglichen Skandal. Bis heute fehlt es bei Polizei und Justiz an entsprechender Polizeistärke. Die Menschen fühlen sich unsicher, weil keine Polizei mehr auf den Straßen patrouilliert, und gründen an den Grenzen zu Polen teilweise Bürgerwehren: Kein Wunder, dass gerade in Brandenburg, was die letzten Landtagswahlen gezeigt haben, so viele Menschen der AfD hinterherrennen.

9.

RBB – der landesweite Monopol-Rotfunk

Vor der Landtagswahl 2019:
Ein besonders dreistes Stück vor der Landtagswahl bot der landesweite Monopolfunk: RBB. Der öffentlich-rechtliche Sender rangiert in der Gunst der Zuschauer bei den dritten Programmen auf dem letzten Platz. Im Volksmund wird er auch als Rotfunk oder Platzeck-Sender geschmäht: Treu und ideologisch hält er zur rot/roten Regierungskoalition in Potsdam. Private lokale und regionale Sender mit größerer Transparenz sind den öffentlich-rechtlichen Rotfunkern schon seit Langem ein Dorn im Auge. Im Vorfeld dieser Landtagswahl zeigte der Staatssender aber sein wahres Gesicht: Er versperrte den Freien Wählern den Weg zur RBB-Wahlarena. Die Mannschaft um Peter Vida saß zwar im Landtag, jedoch nicht mit Fraktionsstärke: Die FDP war bei der letzten Landtagswahl rausgekegelt und bei miserablen 1,6 Prozent hängengeblieben, Fakt aber war: Sollte den Freien Wählern der Einzug ins Landesparlament gelingen, dann wäre wohl rechnerisch ein Bündnis rot/rot/grün gar nicht mehr möglich gewesen.

Nun begann das dreiste Stück der RBB-Redaktion: Sie luden alle Fraktionen im Landtag, auch die FDP, die gar nicht drinsaß, zur Wahlkampfarena ein. Eine Sendung vor der Wahl, in der alle Parteien noch einmal ihre inhaltlichen Präferenzen verkaufen konnten. Die Freien Wähler jedoch wurden nicht eingeladen. Die Begründung: Die Wählervereinigung hätte nicht genügend Chancen, in den Landtag einzuziehen. Dies, obwohl alle Umfragen signalisierten, dass die Freien Wähler es schaffen könnten. Unverfroren dieser Rausschmiss, Vida, der Fraktionschef, rief die Gerichte an und erhielt über den

Rechtsweg eine Zulassung zur Sendung. Wer dachte, jetzt würde der RBB klein beigeben, sah sich aber getäuscht. Der Staatsfunk schloss die Freien Wähler weiterhin aus.

Jetzt drehte man an der Begründungsspirale und schob neue Argumente nach: Aus dem rot gefärbten Funkhaus gab man nun die Parole aus: Die Freien Wähler könnten nicht eingeladen werden, weil sie keine Fraktionsstärke aufweisen. Unglaublich, wie der RBB hier turnte und seinen öffentlich-rechtlichen Auftrag missbrauchte. Die FDP durfte rein und für die Freien Wähler stand unmissverständlich fest: Wir müssen draußen bleiben. Vida, selbst Jurist, zeigte sich entsetzt und organisierte am Tag der Ausstrahlung vor dem RBB-Gebäude eine schlau entworfene Gegenveranstaltung, Übers Internet beantwortete der Spitzenkandidat der Freien Wähler alle Fragen, die auch im Studio Woidke, Senftleben und Co. gestellt wurden. Ein Riesenerfolg für Vida und seine Organisation. Er hatte sich erfolgreich gewehrt. Überhaupt der öffentlich-rechtliche Rundfunk.

Am Vorabend der Wahl zeigte sich auch das bewusste selektive Verhalten des ZDF im *heute journal*, 30. August, 21.45 Uhr: Die Mainzer berichteten über die letzten Wahlkampfaktivitäten der Parteien: Und wer wurde erneut ausgelassen: Die Freien Wähler. Sie kamen auch in diesem Beitrag nicht vor, unfassbar angesichts der Erfolge der Wählervereinigung im Land Brandenburg: Schon bei der Kommunalwahl hatten sie für Furore gesorgt, waren in nahezu alle Kreistage und Stadtverordnetenversammlungen eingezogen: Nun holte ihr Spitzenkandidat Peter Vida sogar ein Direktmandat und zusätzlich sprang man über die 5-Prozent-Hürde: Die FDP, obwohl mit viel Bundesprominenz im Wahlkampf am Start, hatte den Landtagseinzug verpasst: Die Rechnung des RBB-Rotfunks war nicht aufgegangen –rot/rot wurde abgewählt. Rot/rot/grün war nach der Wahl nie eine glaubhafte Alternative: Mehr Offenheit, mehr Transparenz wurde von den öffentlich-rechtlichen Sendern verspielt: Einen Anschlag auf die Meinungsfreiheit, wie es Peter Vida formulierte, hatte das Land erlebt. Wieder einmal konnten die Spuren der Vergangenheit nicht restlos beseitigt werden. Meinungsvielfalt bei den Medien, in Brandenburg steckt diese demokratische Errungenschaft leider immer noch in den Kinderschuhen. Partiell konnte durch privates Fernsehen, wie in Brandenburg an der Havel, dem linken Kurs des RBB und der Monopolstellung der Zeitung etwas entgegengesetzt werden. Längst lassen sich die Bürger diese einseitige Bevormundung nicht mehr gefallen und wehren sich nicht zuletzt auch über die sozialen Medien: In der Havelstadt artete das Ganze zu einem regelrechten Medienkrieg zwischen regionalem TV-Sender und örtlicher Lokalzeitung aus: Zu einseitig hatte das Blatt immer wieder auch korrupte und in Skandale verstrickte SPD-Politiker geschützt und unterstützt. Auch dreißig Jahre Einheit haben den ideologischen Blick bei vielen nicht versperrt –auch das ließ die AfD natürlich in einem derartigen Ausmaß erst richtig groß werden.

Die Arroganz des öffentlichen Rundfunks in Berlin/Brandenburg ist frappierend. Angeführt von einer radikallinken Intendantin, die früher beim Magazin *Panorama* schon in jedem CDU-Funktionär einen Reaktionär erkennen wollte, gibt es einen klaren Sendeauftrag: Rot/rot ist die Maxime, dem wird alles untergeordnet. Dabei deckt der Sender seit Jahren nichts auf, verharrt in Stagnation und romantischer Langeweile eines Staatssenders. Unterhaltung ist ein Fremdwort, die Moderatoren erinnern an Steinzeitfernsehen und kaum einer will dieses düstere dritte Programm überhaupt sehen. Kein Wunder also, dass der Sender auch von moderner Unterhaltungskultur nichts versteht und den Privaten längst das Feld überlassen hat. Eigeninitiative von privaten Veranstaltern, die z. B. den legendären Classic Summer in die Havelstadt holten oder eine Weihnachtsmannparade auf die Beine stellten, wird komplett ignoriert. Der Classic Summer mit vielen internationalen Stars wird am Eventtag nicht einmal in Ausschnitten gezeigt – Arroganz pur. So wurde der Weltstar Karel Gott bei seinem Besuch und seinem Konzert in Brandenburg an der Havel vom RBB komplett geschnitten: Ein Fauxpas, den die Musik- und Karel-Fans nicht verstanden und was sich noch rächen sollte: Das private Fernsehen nutzte die Chance, um den großen Künstler vor seinem Auftritt in der Havelstadt in dessen Heimatstadt Prag zu treffen.

Der schnelle Neubau der Brücke ist die eine Sache, aber wie sieht es denn mit der Finanzierung aus? Soll die etwa auf dem Rücken der Kommune ausgetragen werden? Das wäre ein verheerendes Signal und würde auch den Haushaltsrahmen vieler Gemeinden sprengen. Wenn die Anwohner schon mit derartigen Belastungen leben müssen, die Verkehrsbetriebe von den Fahrgästen dafür verantwortlich gemacht werden, dass die Straßenbahn nicht mehr fahren kann, dann sollte zumindest die Kommune nicht unter der Last der finanziellen Ausgaben zusammenbrechen. Fördermittel von Land und Bund müssten hier fließen. Darüber hätte der RBB berichten müssen.

10.

Ein Redaktionsleiter macht Politik

Daseinsvorsorge ist sicher die wichtigste Aufgabe einer Gemeinde, die Grundbedürfnisse der Bürger müssen gestillt werden. Extras gibt es durch das Theater – Kultur braucht man nicht – Kultur genießt man, macht das Leben schöner. Doch gilt das nur bedingt, wenn man seit Jahren den schon erwähnten Schmutzschreiber der Zeitung ertragen muss, der jede Menge Gülle im Blatt ausschüttet. Erst arbeitete er sich am früheren Geschäftsführer des Theaters, Klaus Deschner, ab, der entnervt ständig Beschwerden an die Geschäftsleitung des Journalisten schrieb. Persönliche Attacken des besagten Redakteurs waren an der Tagesordnung. Doch mit der Nachfolgerin von Deschner ging er noch schärfer ins Gericht. In mehreren Kommentaren sprach er ihr einfach die Kompetenz ab, wertete sie mit erniedrigendem Vokabular ab: Sie wäre als Finanzerin vom Rathaus ins Theater geschickt, spottete er. Immer wieder versuchte er, sie und das Orchester gegeneinander auszuspielen.

Bei der Wahl des neuen Chefdirigenten versuchte er, der Geschäftsführerin Einmischung vorzuwerfen. Es klappte nicht mit dem Wunschkandidaten des Orchesters. Der erhoffte Dirigent sagte ab, obwohl er zunächst Interesse signalisiert hatte. Doch statt dies als normalen Vorgang zu werten, suchte der Schreiber nach Schuldigen. Wer hat das mit David Reiland verbockt? Dabei benutzt er das Stilmittel, alle sind schuld, ohne dies mit beweisfähigen Fakten zu belegen, er will Streit und Unruhe ins Theater reinbringen und verschont niemanden mehr: Dabei konzentriert er sich mit aller Schärfe auf die Geschäftsführerin, die er als kulturloses Dummchen, die das Theater wie eine Veranstaltungshalle führt, diskreditiert. „Der will mich systematisch fertig machen", sind ihre Worte gegenüber unserem TV-Sender – man sieht ihr an, wie sie unter dieser schmutzigen Berichterstattung leidet. Gleichzeitig wertet er das ganze Brandenburger Theater ab, denn jetzt stehen alle als Verlierer da: Und die Dirigenten, die außer Reiland noch in Betracht kommen, sind ja bereits als B-Kandidaten von ihm abgewertet: Ein schlimmes Spiel, das da betrieben wird. Ein Klima ist entstanden, das einem Sorge bereitet; Beleidigungen und Verächtlichmachen gehört zur Tagesordnung: Und wenn ein WDR-Kinderchor unsere Omas als Umweltsäue besingt, dann ist es in den Augen der sogenannten Gutmenschen einfach eine Satire, und Kritiker sollen möglichst die Klappe halten: Und der dumme Steuerzahler muss für so etwas noch Gebühren bezahlen – Zugangsgebühren dafür, dass die Mitstreiter bei der ARD exorbitant verdienen, klaren Haltungsjournalismus raushängen lassen und eine wahre Hetzjagd gegen alle betreiben, die eine kritische Meinung verbreiten bzw. eine Meinung, die der ihrigen widerspricht: Tür und Tor steht offen für Verleumdungen. In der DDR wurde alles gejagt und vernichtet, was nicht zum System passte, heutzutage muss man sich in einem Rahmen bewegen, den der öffentlich-rechtliche Rundfunk vorgibt: Schert man da aus, ist man gleich Verfassungs- und Staatsfeind: Haben sich die Zeiten wirklich geändert? Wo bleiben die Toleranz und Liberalität? Auf der Strecke geblieben, leider. Der Schreiber der Zeitung reiht sich mühelos in diese Garde des Haltungsjournalismus ein? Was ich sage und schreibe, ist Gesetz. Punkt, aus und basta.

All das, was in der DDR verloren gegangen ist und was die Eigeninitiative bis heute lähmt, hat Veranstalter Andre Eckardt und sein Team hinter sich gelassen. Statt Murren, Meckern und Sozialneid, ein weit verbreitetes Phänomen in den neuen Bundesländern, hat er versucht, mangelnde Eigenverantwortung wieder großzuschreiben. Dazu zählte auch die Motivation vieler junger Kollegen, etwas zu wagen, zu unternehmen. Diese Zähigkeit und dieser Biss halfen denn auch, in Prag den Weltstar Karel Gott nicht nur kennenzulernen, sondern mit dem großen Künstler auch einen Special

Talk am Ufer der romantischen Moldau zu führen. Der große Star, den in seiner Heimat Tschechien jeder kennt, erzählte seinen Lebenstraum, echt und unverfälscht: Das Interview berührte vor allem viele Ostdeutsche, da diese sich mit ihm sehr gut identifizieren konnten. Der Grenzgänger zwischen zwei Welten blieb seiner Heimat treu und trat sowohl im Westen als auch im Osten auf. Wir waren beim Gespräch in Prag überrascht von seiner Bodenständigkeit, Höflichkeit und Freundlichkeit. Ein unvergessenes Erlebnis: Auch für die Zuschauer, die beeindruckt waren von der Offenheit seiner Worte. Keiner ahnte, dass Karel Gott damals, 2015, eigentlich schon todkrank war. Beim Classic Summer Concert in Brandenburg Havel –sein letztes Konzert in Deutschland – brillierte er neben Stars wie Anna Maria Kaufmann und sang sich in die Herzen der Zuschauer. Wenn da nicht eine Fliege gewesen wäre, an der sich Karel während seines Gesangs verschluckte. Doch nach einem Schluck Wasser fand der einzigartige Entertainer wieder zu seiner gewohnten Schlagfertigkeit zurück: „Ein Glück, dass es keine Biene war", meinte er in Anspielung auf seinen großen Hit nur. Alle großen TV-Anstalten wollten das Material kaufen und sendeten in ihren Boulevardprogrammen Karel Gott rauf und runter. Nur der düstere RBB hatte mal wieder alles verpasst. Dabei bekamen der Besuch und der Auftritt von Karel Gott sogar noch eine politische Dimension: Kurzerhand ernannte Brandenburgs Oberbürgermeisterin Dietlind Tiemann den perplexen Showstar auch noch zum offiziellen BUGA-Botschafter und verlieh ihm die Ehrennadel.

Theaterkrise: Wer immer dachte, die Situation am städtischen Theater könnte sich beruhigen, der sah sich bald eines Besseren belehrt: Der besagte Zeitungsjournalist setzte seinen Feldzug auch gegen die neue Geschäftsführerin fort: Böse Zungen behaupten, er wäre selbst sehr gerne Theaterchef geworden, das sei eine Erklärung für seine Rachegelüste. Bei der Neuwahl des Chefdirigenten lief er nun zur Hochform auf. Ein Rundumschlag gegen alle, hämisch, verbittert und gnadenlos. Erst kam die Geschäftsführerin an die Reihe. Sie wurde als Finanzerin, die aus dem Rathaus kam, abgekanzelt, er sprach ihr jegliche Kompetenz ab, in Theaterdingen mitreden zu können. Dabei muss sie natürlich den Laden auch finanziell zusammenhalten. Kein leichter Job, denn Begehrlichkeiten kommen ja von jeder musischen Kategorie im Haus. Nun Fakt war und blieb: Der vom Orchestervorstand ausgewählte Chefdirigent sagte plötzlich ab und der Zeitungslulli hatte sofort den Täter dafür ins Auge gefasst – die Geschäftsführerin könnte das beim Gespräch mit seinem Agenten vermasselt haben. Aber damit nicht genug. Auch der Orchestervorstand hätte nicht richtig gehandelt. Ein Rundumschlag gegen alle, ohne die entsprechenden Fakten parat zu haben, eigentlich wie immer. Und zu guter Letzt wurden auch noch die Mitbewerber von ihm in den Senkel gestellt. Das wären alles nur Leute der „B-Kategorie", welch ein Hochmut. Nur Streit ins Theater hineingetragen, versucht, alle gegeneinander auszuspielen, einfach nur niederträchtig. Die Theatergeschäftsführerin suchte schon seelischen Beistand bei mir und fragte entsetzt: Will der mich etwa fertig machen? Leider musste ich diese Frage bejahen. Unruhe ins Theater gebracht, selbst betritt er es nicht mehr, sein Gesicht versteckt er mittlerweile hinter einem Bart. Bei einer Diskussion seiner Zeitung zum Brückendrama in Brandenburg an der Havel ließ er sich von seinen Mitarbeitern ablichten, als er mit dem Mikrophon die örtliche Landtagsabgeordnete etwas fragte: So weit, so gut – einen Tag später erschien sein Blatt mit der Bildunterschrift: MAZ Chefredakteur hielt das Mikrophon – eine unglaubliche Weltnummer, denn es ist jetzt keine journalistische Leistung, ein Mikrophon zu halten. Das ist Eitelkeit pur und Selbstüberschätzung, dazu kommt Neid auf die Fernsehkollegen: Die Theatergeschäftsführerin meinte noch zu mir: „Der Mann muss völlig unausgeglichen sein, eigentlich müsste er in psychologische Behandlung." Dem ist leider nichts hinzuzufügen.

11.

Das Aufkommen der AfD im Osten

Jetzt, da die Jubiläen zum Mauerfall und zur deutschen Einheit anstehen, erinnern sich plötzlich wieder alle an die Bürgerrechtler und würdigen sie in Presse, Funk und Fernsehen. Dass ihre historische Leistung nicht hoch genug eingeschätzt werden kann, interessiert dabei die wenigsten. Das Schlimme ist, die Politik hat die meisten schon längst vergessen und diejenigen, die jetzt politische Verantwortung tragen, tun so, als ob sie die DDR zum Einsturz gebracht hätten. Im Gegenteil, viele von denen waren angepasste oder, was noch schlimmer ist, waren mit dem Regime verbandelt wie der angeblich so selbstlose Pfarrer Manfred Stolpe, dessen Stasi-Aktivitäten vom *Spiegel* lückenlos dokumentiert wurden, oder Gregor Gysi, der sich immer so cool und schlagfertig gibt, aber ein SEDler durch und durch war, und das System immer stützte. Die Aufarbeitung der Vergangenheit hat nie richtig stattgefunden, für die wahren Helden der friedlichen Revolution ist kein Platz in den Geschichtsbüchern: Zwar werden die bekannten Bürgerrechtler wie Bärbel Bohley, Freya Klier, Vera Lengsfeld, Marianne Birthler immer wieder mal erwähnt, aber diejenigen, die im Kleinen diese Republik von innen ausgehöhlt haben, und dabei Großes geleistet haben, bleiben im Dunkeln. Nun habe ich in den letzten fünf Jahren den Versuch unternommen, den Geschichten dieser Menschen noch einmal Raum zu geben. Was diese Menschen für ihren kleinen Protest oft erleiden mussten, hat mich oft unsäglich traurig gemacht: Dafür gab es nie einen Orden, keine Auszeichnung, sondern ganz im Gegenteil oft noch Ärger und Ausgrenzung. Was soll der damalige Punk dazu sagen, dass er weggesperrt wurde, weil die SED in Magdeburg ein Kreisleitertreffen organisierte. Man wollte den Genossen den Anblick ersparen, war die Begründung für die kurzzeitige Wegsperrung. Im Westen schaute man zwar verächtlich auf Punks, aber solange sie keinen Radau machten, ließ man sie in Ruhe. Beruflich hatten sie natürlich keine Chance. Im Osten ging es aber weniger um berufliche Chancen als um die Meinungsfreiheit. Die DDR sperrte alles weg, was die offizielle Parteilinie störte. Verbissener als ihre sozialistischen Nachbarstaaten wurde jeder verfolgt, der eine kritische Zeitschrift aus dem Westen ins Land brachte. Die Partei duldete keinerlei Liberalisierung in den Medien oder in der Kultur. Selbst harmlose Demos gegen die russische Intervention 1968 in Prag, organisiert in der Provinz, wurden systematisch gesprengt und jugendliche Idealisten wie Schwerverbrecher vor Gericht gestellt.

Jegliche öffentliche Äußerung, die nicht der Parteidoktrin entsprach, wurde systematisch verfolgt, bespitzelt und dann hart bestraft. Ein Volk gnadenlos ausgeforscht, jeder Lebensraum wurde durchleuchtet. Die Menschen erfuhren schreckliches Leid, wie jener Talkgast beim SKB, der in Cottbus wie ein Tier im DDR-Knast eingepfercht wurde. Im Studio lief es einem heiß und kalt über den Rücken, als diese Menschen erzählten, was ihnen widerfahren war.

Unmenschlichkeit, die ihresgleichen sucht. Doch die meisten erhielten nie eine Entschädigung, schlechte Voraussetzungen für den Start in eine andere Republik, in der viele ehemalige Funktionäre weiterhin das Sagen hatten und wichtige Positionen bekleideten. Dazu kamen noch die Wessi-Besserwisser, die nun dem ehemaligen DDR-Volk erzählen wollten, wie es zu gehen habe. All dies und die weiterhin gegebene Medientreue zu autoritär geführten Dauer-SPD-Regierungen wie in Brandenburg, die bis heute anhält, hat die zwingend notwendige Liberalisierung bis heute im Osten verhindert. Zuletzt haben in Thüringen über 50 Prozent Parteien jenseits der Mitte gewählt. Wie also sollte hier im Osten der Gedanke eines Staates entstehen, den man gerne mitträgt? Es grassiert weiterhin die Unzufriedenheit, doch die Politiker wollen das nicht wahrhaben. Schöne Feierreden bringen einen da nicht weiter – ein Einheitsgedanke ist ferner denn je.

Die Polarisierung der Gesellschaft ist im Osten weitaus stärker ausgeprägt als in den alten westlichen Staaten: Der Grund ist, dass sich trotz 30 Jahre deutscher Einheit sehr viele Ostbürger verschaukelt vorkommen und sich an der Wahlurne gegen das sogenannte Politestablishment wehren. Es geht ein regelrechter Riss durch die Gesellschaft und wenn dann noch sichtbare Risse dazukommen, werden die Menschen immer unruhiger und verzweifeln ob der Leistungsfähigkeit des Staates. Ein prägnantes Beispiel für die Leidensfähigkeit vieler Ostdeutscher ist eine marode Brücke in Brandenburg an der Havel. Schon ein Kuriosum: Diese alte Schrottbrücke, in der DDR 1969 errichtet, heißt bis heute „Brücke des 20. Jahrestages" – ganz selbstverständlich, als wäre das immer noch ein wichtiges historisches Datum. Während Karl-Marx-Stadt und viele andere markante ideologische Attribute für Gebäude verschwanden, hält sich also der Name dieser Brücke bis heute: Über sie führt die wichtigste Verkehrsader nach Westbrandenburg. Der Name hat sich zwar gehalten, aber die Brücke ist nicht standhaft geblieben. Ein Schock für die Bürger, als die Straßenexperten des Landes nach einer Besichtigung das stalinistische Bauwerk plötzlich stilllegten, ja, es sperrten. Anwohner, Pendler, Schüler, Tramfahrer schauten von einem Tag auf den anderen in die Röhre: Pustekuchen, die Stadt war von einem Tag auf den anderen geteilt: Denn die dortigen Bewohner müssen seither drastische Umwege in Kauf nehmen, um an ihr Ziel zu kommen. Ein verständlicher Aufschrei der Bürger, denn diese Sperre ist keine übliche Behinderung, die ein paar Wochen andauert, sondern ein Dauerproblem: Immerhin wurde wegen der Sperre eine ganze Tramlinie aus dem Verkehr gezogen und stillgelegt – ein Image-Verlust, der die Verkehrsbetriebe bis ins Mark erschütterte. Ohne Zweifel waren die Tramverbindungen immer der Stolz der Stadt gewesen. Und nun das tägliche Chaos: Als dann die Verantwortlichen in Stadt, Land und Bund nichts Besseres zu tun

hatten, als an der gesperrten Brücke zu posieren und davon
faselten, ein Neubau der Brücke dauere etwa fünf Jahre, ent-
wickelte sich in den speziellen Internetforen ein regelrechter
Volkszorn: Wie kann das sein, denn vielen war noch bekannt,
dass im Jahr 1969 die Brücke in einer Rekordzeit von nur
sieben Monaten hingestellt wurde. Gut, damals musste man
noch keine Rücksicht auf einen Salamander nehmen, der im
Brückengewirr umherhuscht, oder auf eine seltene Vogelart,
doch es ging ratzfatz, weil es zwar Pläne gab, wie man die
DDR-Wirtschaft in den Ruin treibt, aber für den Brückenbau
noch kein Planfeststellungsverfahren vorgesehen war: Die
SED-Kreisleitung gab in Abstimmung mit der Ostberliner
Nomenklatura den Kurs vor, und das Stadtparlament durfte
noch Beifall klatschen: Jetzt reden alle Politiker von einer
Beschleunigung des Verfahrens, halten Sonntagsreden, bil-
den Task-Forces, doch es wird dauern, und das viel zu lange,
erneut fühlen sich die Bürger ohnmächtig. Seltsam auch diese bisher nicht vorhandene Einheit aller Parteien in dieser
Frage: Wir müssen den Bau forcieren, heißt es unisono, aber
eine Schuldfrage wurde nie gestellt. Warum hat man so lange
untätig zugesehen, es haben doch schon viele gemunkelt, dass
die Brücke einsturzgefährdet sei. Die Stadt schiebt's aufs Land,
das sei verantwortlich, aber ehrlich, es geht nicht immer um
die formalen Kompetenzen. Die Kommune selbst beschäftigt
einen eigenen Experten für den Brückenbau, Peter Reck, einen kamerascheuen Technokraten. Bei einem Rundgang durch
die Kommune ist noch nicht einmal dem Bauexperten der Stadt
aufgefallen, dass diese Brücke einfach völlig marode war. Er
oder seine Experten müssten so was doch leicht erkennen. Ein
verantwortungsvoller Hauseigentümer erkennt ja auch Risse
an seinem Eigenheim: Eigentlich hätte man in der Wendezeit
schon einen Check machen müssen, hätte man doch schnell
erkannt, auf welch wackligem Terrain dieser Arbeiter- und Bau-
ernstaat stand. Nichts war geschehen, die Fördergelder wurden
lieber in prestigeträchtige Neubauten und eine defizitäre Bundesgartenschau gesteckt, um das Renommee zu erhöhen. Nicht

missverstehen, kann und soll man auch alles machen, aber erst dann, wenn die Sicherheit gewährleistet ist. Nun wurden also, wie auch Brandenburg, zahlreiche Oststädte blitzblank saniert, aber das Wichtigste wurde vergessen. Kaum vorstellbar, wenn die Brücke, wie in Genua, im laufenden Verkehr zusammengebrochen wäre: Der Riss, den die Brücke ausmacht, ist in wenigen Jahren noch zu kitten: Der Riss, der durch die Gesellschaft geht, ist viel schwieriger zu reparieren. Man glaubt den Politikern einfach nicht mehr.

12.

Weiterleben der DDR in den Köpfen der Bürger

Wie anders, ja wie verschieden die ostdeutsche Situation 2020 sich im Vergleich zum Westen darstellt, zeigten die Landtagswahlen in Thüringen 2019 und die Nachwirkungen. Was schon für einen Erdrutsch sorgte, war das Wahlergebnis: die Nachfolgeorganisation der SED und die Rechtsausleger der AfD, die nun wirklich nie bürgerlich/konservativ daherkamen, erhielten zusammen mehr Stimmen als die importierten Westparteien. Der Glaube an autoritäre Parteien wurde deutlich spürbar. An Parteien, die für Recht und Ordnung eintreten, für Kontrolle und klare Aussagen. Enttäuschung macht sich in Ostdeutschland immer mehr breit über die von drüben, und dies nach 30 Jahren Einheit. Da muss eine Menge schiefgelaufen sein. Viele im Osten fühlen sich vernachlässigt, glauben, nur Bürger zweiter Klasse zu sein, die von einem Establishment, das sie bezahlen, ausgenutzt werden. Sicher, die Menschen in der DDR konnten an den Segnungen des Kapitalismus der 70er-Jahre im Westen nicht teilhaben, es gibt keine reichen Omas, Opas und Eltern, die viel zu vererben haben. Eifersucht macht sich breit, man spürt sie täglich, wenn man wie ich lange im Osten gearbeitet hat. Viele halten einen für einen Millionär, nur weil man Chef des regionalen Fernsehens ist. Oft spürt man diese Abneigung von Menschen, die ständig denken, sie seien in diesem Leben benachteiligt worden. Auch nachweisbare Erfolge durch gute Storys werden nicht goutiert, man will einfach nicht Menschen loben, die aus dem Westen kamen und hier erfolgreich sind: Dann kommt oft der Satz, früher hatten wir das auch schon und waren in aller Munde. Pustekuchen, stimmt einfach nicht: Früher war der

Sender nur eine Station, die ohne Meinung daher sendete, ohne Reibungen zu hinterlassen. Ja, die Menschen im Osten tun sich größtenteils schwer, mit ihrem Schicksal fertig zu werden. Natürlich gibt es auch Ausnahmen, Menschen, die einen unterstützen, selbst davon profitieren, dass man einen anderen Wind reingebracht hat. Ja, neues Denken fehlt vielen: Wäre der Ehrgeiz, was zu leisten, nur halb so groß wie der überall grassierende Neid, dann wäre schon viel gewonnen. Es fehlt der Wille, etwas Großes zu leisten, es herrscht das Denken vor, es war doch schon immer so, also soll es auch so weitergehen. Wagnis, Mut, aus bestehenden Verhältnissen auszubrechen, fehlt oft.

Selbst erlebte ich, wie Kollegen mit durchaus vorhandenem Talent nichts daraus machten. Eine sehr hübsche Praktikantin, auch musisch begabt, erhielt eine Chance beim ZDF in Mainz, studierte dort auch noch Publizistik. Nach kurzer Zeit brach sie alles ab: Angesprochen darauf, erhielt ich die Antwort: „Das war mir alles zu anstrengend." Sie kam zurück nach Brandenburg, jobbte in einem Kleiderladen und studierte nebenher zur Gewissensberuhigung irgendein unwichtiges Fach in Potsdam. Ja. 9:00 Uhr bis 16.00 Uhr mit schöner, langer Mittagspause, das sind die Vorstellungen junger Nachwuchsredakteure, wenn sie an ihren Job im Fernsehen denken. Die Linke suggeriert diesen mangelnden Leistungswillen alltäglich, sie träumt weiter vom allumfassenden Versorgungsstaat, der für alles aufkommen soll, auch für nachgewiesene Faulheit. Die Nachwirkungen der Thüringen-Wahl zeigen deutlich auf, was passiert, wenn sich Parteien gegen das Diktat der Linken auflehnen. Das darf man nicht, und plötzlich greifen wieder dieselben Mechanismen wie einst in der DDR.

Diese vorhin beschriebenen Minderwertigkeitskomplexe, unter denen ein Großteil der Ostdeutschen leiden, kanalisierten sich hervorragend in dem Aufkommen der neuen rechtsgerichteten AFD – sich den Sorgen und Nöten der ewig Zukurzgekommenen anzunehmen. Plötzlich avancierte die AfD in allen fünf Ostländern zur Volkspartei, löste die Linke als Protestpartei ab

und vermittelte vielen Ostdeutschen wieder ein neues Selbstbewusstsein. Auch in Thüringen wählten viele Ostdeutsche die
AfD, obwohl mit Björn Höcke dort der Vertreter des radikalsten
Flügels der AfD kandidierte. Die Linke zählt für die meisten
Ostdeutschen mittlerweile zum Parteiestablishment, auch weil
sie ohne Murren mit den Westparteien SPD und Grüne Koali-
tionen eingehen. Für die meisten Ostdeutschen, Brandenburg
spielt dabei noch eine Außenseiterrolle, sind die Grünen und
die Sozis im Verein mit den Linken und den extremen Straßen-
kämpfern der Antifa nichts mehr anderes als ihre frühere SED-
Bevormundung durch das Politbüro.

Dass die linken Kräfte den Osten mittlerweile missbrau-
chen, um dort ihre Politexperimente zu exerzieren und ihre
Anhänger für die Straße zu mobilisieren, ist nicht zu übersehen. Wer aber hätte je gedacht, dass diese vereinten Links-
kräfte auch noch die Unterstützung durch die Bundeskanzlerin
und den CDU-Parteiapparat in Berlin erfahren? Diese Wahl, wir
sprechen von Kemmerichs legaler Wahl im Landtag in Erfurt,
muss rückgängig gemacht werden, sie ist unverzeihlich, tönte
die Kanzlerin mit ungeklärter DDR-Vergangenheit, die sich
mindestens bei Pionieren und FDJ damals ideologische Schu-
lung abholte. Ein für eine Demokratie einmaliger, ja geradezu
ungeheuerlicher Vorgang. Es wurde demokratisch gewählt
und Herr Kemmerich besiegte den Kandidaten der Neuen
Volksfront. Die Wahl eines bürgerlichen Politikers, unterstützt
von der CDU und der FDP, die keine Volksfront-Regierung
wünschten. Nur, weil sich auch noch die AfD dazugesellte,
soll die Wahl jetzt keine Anerkennung finden? Es soll also
solange gewählt werde, bis es der Linie des neuen Politbüros
um Merkel passt? Sieht wohl so aus: AFD-Abgeordnete wurden tage-, wochenlang unisono in allen Talkshows im Fernsehen als Faschisten diffamiert. Eigentlich fehlte nur noch,
dass ihnen das aktive Wahlrecht im Landtag abgesprochen
wurde. Linke Kräfte versuchten, die Wahl Kemmerichs als
undemokratischen Akt hinzustellen. Das Urgestein der kon-
servativen CSU, Markus Söder mutierte in der Diskussion zum

Platzhalter der grün-modernistischen Bewegung. Er sprach von einer nicht anständigen Wahl Kemmerichs: Was soll das bedeuten? Ein Schlag gegen jeden Verfassungsrechtler. Sowohl im Grundgesetz als auch in den diversen Landesverfassungen wird nun einmal nicht nach anständigen oder unanständigen Wahlvorgaben differenziert. Die Wahl im Thüringer Landtag war legal, basta. Nur, was darauf folgte, war alles andere als rechtsstaatlich: Jetzt konnte man ein Aufleben der alten DDR erleben, DDR 4.0! Im Stile des Politbüros putschten, aufgeheizt von den Linken, die ehemaligen Volksparteien Kemmerich weg. Gleichzeitig wurde er in den sozialen Medien als Faschist verhöhnt und der Straße überlassen. Seine Gegner gingen gegen ihn in Erfurt machtvoll und instrumentalisiert auf die Straße. Was für ein Zeichen für unsere Demokratie – Ohnmachtsgefühle stellen sich ein, wenn man sieht, wie leicht eine demokratisch vollzogene Wahl ausgehebelt werden kann. Der stellvertretende Fraktionschef der CDU im Erfurter Landtag betont, dass man sich diese Einmischung von außen zukünftig nicht mehr bieten lassen will. Ja, denn das, was wir hier erlebt haben, war das Wiederaufleben der alten DDR, ungeschminkt in Reinkultur – sogar die CDU-Vorsitzende stürzte darüber, gemeuchelt von der Chefin, Kanzlerin Merkel, die zwar Wahlen rückgängig machen will, aber darauf beharrt, in der Migrationskrise 2015 alles richtig gemacht zu haben.

Trotz einer friedlichen Revolution 1989 in der DDR, einer bis heute gern gezeigten Videoshow, wie die DDR-Bürger nach Öffnung der Grenzen über die geöffnete Mauer sprangen, interessierten sich vor allem jugendliche DDR-Bürger für den West-Glamour und sinnbildlich die Bananen, die es jetzt an jeder Ecke in der DDR zu kaufen gab. Nach einigen Tagen hatten sie sich aber sattgesehen und an ihrer Brieftasche gespürt, wie teuer das Leben im sogenannten goldenen Westen war. Freiheit wurde mit Konsum verwechselt und westliche Demokratie war und ist bis heute für die meisten ehemaligen DDR-Bürger ein abstraktes Gebilde, mit dem sie nichts anfangen können. Auch zahlreiche frühere Bürgerrechtlicher, die anfangs mit Grünen/ Bündnis 90 sympathisierten, wie etwa Vera Lengsfeld, tummeln sich heutzutage eher in nationalkonservativen Kreisen, auch wenn die CDU-Mitgliedschaft behalten wird. Doch wie ist das alles zu erklären? Wie ist es zu verstehen, dass gerade im Osten unserer Republik zuerst die Linkspartei (SED-Nachfolgeorganisation) einen besonderen Zulauf erlebte, der sogar zum Mitregieren in Berlin und Brandenburg führte und dann jetzt aktuell die AfD. Antiwestliche Parteien erleben gerade im Osten eine schier unfassbare Popularität. Aktuell wählen hier ein Drittel der Menschen die Rechtspartei AfD und zwei Drittel der Ostdeutschen, können sich sogar vorstellen, bei den nächsten Wahlen die AfD zu wählen.

Deshalb sind gerade die Grünen im Osten so unpopulär, weil die immer alles ausdiskutieren wollen und in Grenzbereiche vorstoßen, die den Menschen hier wichtig sind. Zahlreiche Menschen in der DDR kuschelten sich fernab der Politik am Wochenende in ihrer Schreberdatsche ein und konsumierten Alkohol und grillten, bis man vor lauter Rauch nichts mehr sah. Das wurde auch bis heute bewahrt, denn die Kleingärtner haben nie etwas von ihrer Anziehungskraft verloren. Verbote, Zukunftsvisionen, all das können die Ostler nicht gebrauchen, sie sind eher bodenständig, können zum großen Teil mit einer freiheitlichen Grundordnung nichts anfangen und so ziehen nach einer Umfrage knapp die Hälfte der Ostdeutschen eine autoritäre Staatsverfassung vor. Gut 10 Millionen Ostdeutsche verweilten in der ehemaligen DDR fernab von der Politik und zogen sich ins Privatleben zurück. Die Gegner des sozialistischen Systems waren zahlenmäßig etwa gleich groß wie die Befürworter. Zwar stimmten die DDR-Bürger überwiegend für die Einführung des D-Mark-Systems. Dies war aber keineswegs eine Zustimmung zum westlichen Regierungssystem, wie viele Analytiker die Situation damals völlig falsch einschätzten. Für viele Ostdeutsche war es ein schwerer Schritt, plötzlich auf eigenen Füßen stehen zu müssen, waren sie doch in der DDR versorgt worden. Sie fühlen sich ohnmächtig gegenüber einem System oder Menschen, die Demokratie einfordern. Daher rührt auch das Misstrauen gegenüber Westimporten, zum Teil gerechtfertigt, wenn man an die Systemgewinnler denkt, aber unverhältnismäßig gegenüber Fachleuten, die ihr Know-how positiv für die Ostdeutschen eingebracht haben.

Signifikant ist bis heute auch die Ablehnung von allem Fremden, galt das zuerst gegenüber manchen Westdeutschen, so weitete sich im Laufe der Zeit dieses Phänomen vor allem auf Migranten aus. So ist es auch nicht weiter verwunderlich, dass Merkels Willkommenspaket 2015 fast rundum in Ostdeutschland abgelehnt wird. Daher korrespondierte diese Freizügigkeit mit dem starken Aufkommen der AfD, die sich gegen alles Fremdartige verwahrte und damit offene Ohren bei den Ostdeutschen fand. Die Politik der etablierten Parteien wie auch die Mainstreammedien der öffentlich-rechtlichen Funker haben das zum großen Teil bis heute nicht verstanden. Erst jetzt, wegen der sensationellen Wahlerfolge der AfD, gibt es insbesondere ein Umdenken in der CDU. Der parlamentarische Geschäftsführer der AfD Baumann hat recht, wenn er im Bundestag sagt, dass Merz und Co. auf einmal alle früheren Anträge der AfD kopieren. Die Ampelparteien spielen vornehmlich im Osten eine immer geringere Rolle, über sie wird nur noch verächtlich gesprochen. Daher ist es auch nicht weiter verwunderlich, dass immer mehr Ostdeutsche Verständnis für Putins Angriffskrieg zeigen und gegen Waffenlieferungen und Unterstützung für die Ukraine sind. Das spürt man täglich, wenn man mit den Menschen hier spricht. Ob im Bekanntenkreis, bei Mitpatienten im Krankenhaus, immer wieder wird Verständnis für die russische Politik geäußert. Auch die Bewegung um Sahra Wagenknecht nährt diese Haltung und isoliert gleichzeitig die frühere Linkspartei, die immer mehr ihr Image als Kümmererpartei verliert. Hass und Wut konzentrieren sich nun auch auf ukrainische Flüchtlinge, die im Vergleich zu einem selbst als privilegiert gelten. Neid und Missgunst werden zu wesentlichen Faktoren, nahezu alle Medien werden mit dem Demospruch Fake News (zu Ostdeutsch: Lügenpresse) diskreditiert. Daraus wird gefolgert, dass wir jetzt in einer Diktatur leben, weil die da oben keine Rücksicht auf die da unten nehmen. Dabei wird übersehen, dass es sehr anstrengend ist, sich in einer Demokratie mit verschiedenen Argumenten auseinanderzusetzen. Einfache Lösungen sind immer populistischer und ersetzen das Nachdenken. Umgekehrt verhält es sich aber leider auch ähnlich. Die etablierten Parteien, Politiker und Medien setzen sich nicht mit dem Programm der AfD auseinander, gehen darauf nicht ein. Man zieht sich lieber in eine Schmollecke zurück, und macht Wind in den Talkshows, weil die grün gefärbten Matadoren dieser Sendungen ohnehin kaum AfD-Politiker einladen. Die freiheitliche Demokratie ist insbesondere im Osten stark gefährdet. Viele Menschen hier würden lieber in einer sanften Diktatur leben, die ihnen jegliche Verantwortung abnimmt.

Auswirkungen auf die reale Politik in den Brandenburger Kommunen: Bevor die AfD die scheinbar heile Welt im Osten Deutschlands veränderte, wurde die zuletzt arg strapazierte Brandmauer von den sogenannten demokratischen Parteien bereits früher überwunden. Die Linke, klassisch die Nachfolgepartei der SED und damit in der Tradition der Unrechtspartei SED mit all ihren kriminellen Facetten, war plötzlich mehrheitsfähig und als Koalitionspartner interessant. In Brandenburg an der Havel ging die CDU-Oberbürgermeisterin Dietlind Tiemann, die in der DDR selbst Mitglied der SED war, in der Stadtverordnetenversammlung eine Kooperation mit den Linken ein, in Frankfurt/Oder wurde sogar ein Linker Oberbürgermeister. Die SPD im Land hatte keine Probleme, mit der Linken zu koalieren und linke Minister ins Kabinett zu berufen. Auch bei ehemaligen Stasimitgliedern wurden die Augen zugedrückt, in der Brandenburger Stadtverwaltung arbeitet bis heute der frühere Stasi-Mann Karl-Heinz Erler in leitender Funktion. Die Linke wurde salonfähig gemacht und die Kalauer von Gregor Gysi trugen noch dazu bei, nicht nur die Linke, sondern auch die SED zu verharmlosen. Als Höhepunkt wurde dann mit Herrn Ramelow noch ein Linker Ministerpräsident in Thüringen. Der hält sich bis heute, obwohl er keine demokratische Legitimation mehr für sein Amt hat. Neuwahlen werden immer wieder hinausgeschoben. Das Buhlen um die Linken und die damit verpasste Gelegenheit, die verbrecherische Geschichte der SED aufzuarbeiten, ließ viele vergessen, dass die SED für einen knallharten Unrechtsstaat stand. Und zwar mit allen Mitteln wurden Bürger bespitzelt, eingeknastet, verhört, Kinder von Eltern getrennt und jegliche Freiheitsrechte mit Füßen getreten. Menschen wurden an der Grenze erschossen, verblutend liegen gelassen, ein ganzes Volk quasi eingesperrt.

Fakt ist, dass die demokratischen Parteien nichts gegen diese Stabilisierung der Linken im vereinten Deutschland unternahmen. Im Gegenteil, man nahm sie ohne Weiteres wieder in den demokratischen Willensbildungsprozess auf und die Aufarbeitung der DDR-Geschichte, insbesondere für die nachfolgenden Generationen, fand nicht statt. Daher versuchte ich in meiner wöchentlichen Talkshow mit zahlreichen DDR-Bürgerrechtlern und Widerstandskämpfern das reale Bild der DDR zu skizzieren, klarzumachen, was dieser Staat angerichtet hat. Fluchthelfer kamen in der Sendung zu Wort, die minutiös schilderten, wie Menschen unter extremsten Bedingungen in die Freiheit kommen konnten.

Jüngere Kollegen hörten zum ersten Mal von solchen Fluchtversuchen und waren erstaunt, was in der DDR alles passiert ist. Im Elternhaus hatten sie nichts Vergleichbares gehört. Da wurde einfach darüber geschwiegen. Zu einer Destabilisierung der Linken kam es erst mit dem Aufkommen der AFD.

Die nicht aufgearbeitete Vergangenheit in der früheren DDR ließ eine weitere Partei schnell Fuß fassen, die auch gegen die etablierten Westparteien Sturm lief. Schnell konnte ich als journalistischer Beobachter auch das Umdenken in den Kommunen vor Ort erleben. Plötzlich waren die Linken out und die AFD kam, wie auch in Brandenburg an der Havel, bei den Wahlen mandatsstark in die SVV. Ausgerechnet die Linken verweigerten den neuen Fraktionsmitgliedern den Handschlag, es seien Faschisten, betonten sie, mit denen wollen wir nichts zu tun haben. Ausgerechnet die Linken, die ja hinlänglich für ihre Verfassungstreue zur Bonner Republik bekannt waren, sondern eigentlich ein völlig anderes Deutschland anstrebten. Aber sie spürten die Konkurrenz der AfD, die nun immer starker in die Köpfe und Herzen zahlreicher Brandenburger und Ostdeutschen gelangte. Was machten die Etablierten. Die Sitzverhältnisse in den meisten Stadtverordnetenversammlungen hatten sich geändert, fast überall gab es starke AfD-Fraktionen. Die frühere Brandenburger Oberbürgermeisterin Dietlind Tiemann ahnte die Veränderungen und flüchtete in den Bundestag, wobei sie dort über die Rolle des Stimmviehs nie hinauskam. Die CDU musste nun einen Nachfolger, später auch als CDU-Chef, benennen, und aus dem Kronprinzenrennen ging der Kammerer Steffen Scheller als Sieger hervor. Der vergraulte Beigeordnete Michael Brandt fuhr noch die eine oder andere Intrige gegen die Oberbürgermeisterin, allein es nützte nichts. Dabei war Dietlind Tiemann alles andere als ein Fan von Steffen Scheller. In einem vertraulichen Gespräch hatte sie mir gebeichtet, dass sie Scheller allerhöchstens als einen guten zweiten Mann sehe, er sei zwar ein ausgezeichneter Fachmann, aber viel zu unpolitisch. Wenn sie sich einen geeigneten Nachfolger vorstellen könnte, dann wäre Dirk Stieger, der Fraktionschef der Freien Wähler, der geeignete Mann. Was Fakt ist: Stieger verfügt über enorme rhetorische Qualitäten und die Freien Wähler hatten auch unter seiner Ägide einen Aufschwung erlebt.

Der zuletzt so umstrittene Bayern-Guru der Freien Wähler, Hubert Aiwanger, unterstützte zusammen mit Richter Alexander Hold die Freien Wähler vor Ort, die damit auch mehr Sendezeit in unserem TV erreichten.

Die Veränderungen spiegelten sich alsbald auch in der SVV der Havelstadt wider, nicht nur hier hatte sich das kommunale Leben stark verändert. Axel Brösicke war der schlitzohrartige Vertreter der AfD im Kommunalparlament. Über Karateclub, Türsteher, Motorradfahrern, Tierliebe und Kinderfreizeiten ist er in der Stadt optimal verankert. Dennoch konnte er sich bei der letzten Landtagswahl 2024 das Direktmandat für den Landtag nicht schnappen.

In der SVV herrschte nun helle Aufregung, da neue Beigeordnete zu wählen waren. CDU, Freie Wähler und SPD wollten ein Bündnis schmieden. Völlig unzeitgemäß wurden nur männliche Kandidaten ins Auge gefasst, ein Unding bei den gesellschaftlichen Veränderungen in dieser Frage. Die Grünen sollten außen vor bleiben, die AfD ohnehin – alles platzte, weil das Kandidatenkarussell viel zu wenig ausgegoren war und der SPD-Kandidat absprang und zurücktrat. Nun wurde außerhalb der Stadt gesucht, weil der Prophet im eigenen Land nichts gilt und die CDU fand ihren Kämmerer mit Herrn Thomas Barz in Sachsen-Anhalt und die Freien Wähler positionierten Alexandra Adel, ebenfalls aus dem Nachbarland. Die SPD zog mit einer Frau als Beigeordnete nach, Susanne Fischer, bisher völlig bedeutungslos in der Sozialdemokratie. Nun stand eine neue Stadtregierung, die aber bis heute nie harmonisch funktioniert. Ganz im Gegenteil, die Sozen fielen wieder in alte Muster zurück und stimmten meistens im Block mit Grünen und Linken. Trotz Brandmauer, was schert es die Freien Wähler, öfters auch mit der Union bei AfD-Anträgen zu stimmen. Im Osten leidet die Union sehr stark unter der Wucht der AfD-Wahlresultate. Ob im Landtag oder in den Kommunen verlieren sie immer mehr Stimmen an die AfD. So konnte auch Dietlind Tiemann nicht mehr auf alle konservative Stimmen zählen und so verlor sie auch ihr Bundestagsmandat an die junge Mainstreamsozialdemokratin Sonja Eichwede. Tiemann selbst, die sich früher im regionalen Fernsehen gut vermarktet hatte, konnte nun auch dieses Medium nicht mehr nutzen. Ihr Sohn, Stefan Tiemann, hatte als neuer Geschäftsführer den Sender aufgelöst und das Programm eingestellt. Damit war das Lebenswerk seines Vaters, Dr. Klaus Peter Tiemann, dem TV-Gründer, zerstört. Bis heute beklagen sehr viele Brandenburger diese Entwicklung, da mit der Einstellung des TV-Senders auch die Meinungsfreiheit in der Havelstadt beendet wurde. Leider ist die positive Entwicklung der Stadt nach dem Weggang von Tiemann als

OB jäh gestoppt worden. Zahlreiche Baustellen nervten die Autofahrer. Die Fußwege sind in den Nebenstraßen nie gemacht worden, für Behinderte kaum zu benutzen.

Außer kommerziellen Investoren, die lieblose Einheitsbauten in die Stadt oder ans Wasser gesetzt haben, die Seele der Stadt damit zerstört haben, hat es in der Ägide Scheller keine weiteren Visionen gegeben. Sehr schade.

Die AfD war auch im Jahr 2024 bei den Wahlen im Osten nicht zu stoppen. Bei den Kommunalwahlen in Brandenburg wurde sie in zahlreichen Kreistagen und Städten stärkste Fraktion. Ihren Siegeszug setzte sie auch im Stadtparlament von Brandenburg an der Havel fort und erhielt erstmals die meisten Stimmen. Bei den Landtagswahlen im Osten zeigt sich, wie stark die AfD mittlerweile das Wählerverhalten beeinflusst. Auch das kritische Bündnis von Sahra Wagenknecht vergrößert die Distanz zwischen Ost und West immer mehr.

Niemals in der Geschichte der Bundesrepublik zuvor, in West und Ost, hat das Migrationsthema eine derartige Vertrauenskrise in der Bevölkerung ausgelöst. Der Krieg in der Ukraine, die ungebremste Massenzuwanderung aus allen Erdteilen hat Deutschland in ein Erklärungsdilemma gebracht. Die etablierte Politik hat versagt und hat keine Antworten oder Reaktionen geliefert. Die AfD badet sich im Umfrageglück und fordert harte Maßnahmen gegen die uferlose Einwanderung. Die Ampel ist zerstritten und die Grünen sind mit dem europäischen Kompromiss nicht einverstanden. Sie wollen weiter kontrollierten Zugang für Flüchtlinge ermöglichen. Die Hilflosigkeit wird am Beispiel des Brandenburger Innenministers Stübgen deutlich, der nach dem Vorbild Bayerns zwar verstärkte Grenzkontrollen endlich einführte, die illegal Eingereisten aber gleich in Polizeigewahrsam nahm. Nun können sie dort, ob legal oder illegal, gleich ein Asylanerkennungsverfahren einleiten. Söder hatte die illegal Eingeschleusten noch direkt nach Österreich abgeschoben. Die Migrationskrise hat Deutschland verändert und beschert der AfD einen nie geglaubten Zulauf.

Gleichzeitig wurde die Linke konsequent ins Abseits gestellt. Keiner braucht und will sie mehr. Selbst die FDP rutschte in eine Existenzkrise, keiner weiß im Moment, ob noch was von ihr übrig bleibt.

Die Wähler im Osten werden für ganz neue Strukturen sorgen und in den Kommunen dieses hässliche Gebilde von einer Brandmauer einstürzen. Diese unsinnige Politik erlebt gerade die letzten Zuckungen. Wieder einmal in Brandenburg an der Havel wird deutlich, wie weltfremd hier Sozialdemokraten agieren. Die bekannte Ärztin Lilo von Martius wurde für die Kommunalwahl nicht mehr aufgestellt, weil sie aus sachlichen und Gewissensgründen einem Antrag der AfD ihre Stimme gab, in dem Klimakleben in der Stadt verboten werden sollte. Das allein reichte, weil der Antrag von der AfD kam, um sie in ihrer Partei, der SPD zu erledigen. Schon lange geht es also nicht mehr um die Sache, sondern nur noch, von wem der Antrag kommt. Und sei er auch noch so sinnvoll, ist er von der AfD eingereicht, muss er abgelehnt werden. Das also ist das Hohelied der Demokratie, wie sich die Etablierten das so vorstellen.

Es wird nicht funktionieren, die Bevölkerung ist nicht mehr bereit, sich dem vorgegebenen Mainstream unterzuordnen.

Damals bei der Wende ist eine historische Chance vertan worden, als alle Parteien stärker den Unrechtsstaat DDR hätten brandmarken sollen. Das geschah nicht. Dafür kamen Kriegsgewinnler aus dem Westen ins Land, um mit Ellenbogen und Bandagen die DDR-Menschen auf Westkurs zu trimmen. Alle schauten zu, die schreckliche Geschichte der DDR wurde nie richtig aufgearbeitet. Todesmauer, Todesschüsse, Unfreiheit, eingesperrt hinter Stacheldraht. Bald regte sich keiner mehr darüber auf. Vielleicht noch einzelne versprengte Filmautoren, die ins dritte Programm abgeschoben wurden, aber sonst. Die friedliche Revolution interessierte bald gar keinen mehr, SPD und Grüne unterstützten ehemalige linke Stasi-Protagonisten. Alles sollte ganz normal werden. Dieses Nichtaufarbeiten der Geschichte der DDR hat dazu geführt, dass die DDR besonders im Osten verklärt wird und die Menschen nun mit der AfD eine neue Partei suchen, die ihnen ein Höchstmaß ihrer alten DDR wiedergibt. Ablehnung gegenüber allem, was fremd ist, man will unter sich bleiben und fühlt sich vergessen von der realen Politik.

Dazu liefern die täglichen Horrormeldungen über Muslime, Clans und Flüchtlinge aus Nordafrika, die sich alle in Deutschland, oft illegal, aufhalten, noch das richtige Futter. 400 Hamas-Sympathisanten leben alleine in der Bundesrepublik, sie wurden nie überprüft. Mit der Flüchtlingswelle kamen auch sehr viele Kriminelle ins Land, die hier ungestört ihren Geschäften nachgehen. Der Sozialstaat wird gerade auch von ausländischen Flüchtlingen sehr stark in Beschlag genommen. Sozialdemokrat Heil verteilt auch noch zusätzliche Bonbons mit seiner 12-prozentigen Erhöhung des Bürgergeldes. Konflikte und Kriege wie in der Ukraine oder in Israel unterstützen noch die Ablehnung von allem Fremden. Für die Menschen dokumentiert sich hier die Ohnmacht ihres eigenen Staates, und es wird nur zugeschaut, wie Unschuldige, darunter auch Kinder und Frauen, abgeschlachtet werden. Der Hang zu Law and Order, einem durchgreifenden Staat, der einen beschützt, wird immer größer. Das kannten die meisten DDR-Bürger von ihrem Staat und deshalb verschwindet er auch nicht so schnell aus ihren Herzen. Bei der AfD suchen viele einen Ersatz und einfache Antworten. Dieses Verlangen wird bedient.

Ausblick: Insbesondere im Osten will jetzt auch die Wagenknecht-Bewegung diese Menschen, die sich nach ihrer alten Heimat sehnen, für sich gewinnen. Genau hier sehen sie ihr größtes Wählerpotenzial. Daher ist es auch nicht verwunderlich, dass Wagenknecht und Co. gerade 2024 in den Wahlkampf starten, wenn im Osten drei Landtagswahlen eine politische Wende bringen sollen. Es ist nicht weiter verwunderlich, dass die Ostdeutschen auch dieser neuen Partei ihre Stimme geben werden. Sie fühlen sich vernachlässigt, ihre Sorgen und Probleme wurden nicht ernst genommen – das ist der Eindruck, den ich zumindest in zahlreichen Gesprächen von vielen Ostdeutschen vermittelt erhalte. Es wird immer klarer, dass diese Einheit im Herzen nie vollzogen wurde. Ich kenne sehr viele Westdeutsche aus meinen früheren beruflichen Stationen, die wollen partout nicht in den Osten reisen, sich weder mit Landschaft oder Kultur auseinandersetzen. Eine arrogante Haltung, die bis heute nicht zu einem gemeinsamen Deutschland beigetragen hat. Die Konsequenzen sind, dass die ostdeutsche Bevölkerung ihre DDR weiter verklärt und die Westdeutschen nichts von ihren Brüdern und Schwestern wissen wollen. Die deutsche Politik und insbesondere die Staatsfunkmedien haben sich in den vergangenen Jahren auch mehr damit hervorgetan, mit erhobenem Zeigefinger die Weltlage zu interpretieren. Überall hatte man Ratschläge für alles und jeden parat, geleitet von einem abenteuerlichen Mainstream der Berliner Blase. Es wäre besser gewesen, man hätte sich kritisch mit dem eigenen Land beschäftigt, der jungen Generation deutlich vorgeführt, welche Verbrechen es auch in der DDR gegeben hat. Doch diese Aufarbeitung blieb nur rudimentär und wurde von wenigen betrieben. Unser Sender (SKB) hat in seinen Talkshows immer unverblümt die Verbrechen dieses Unrechtsstaates an den Pranger gestellt. Die Leitmedien haben sich hier größere Zurückhaltung auferlegt, immer wieder wurde der Alltag der DDR illustriert, höchstens mal der Volksaufstand von 1953 und der Mauerbau wurden ins Bild gesetzt. Aber auch diese TV-Berichte sahen oft wenige. Einige Filmregisseure trauten sich, tatsächlich, inside DDR zu produzieren. Dabei wurde die Brutalität dieses Staates, die schrecklichen Verhöre, Sippenhaft usw. deutlich gebrandmarkt. Die Stasi, die hier wie die Gestapo funktionierte, was man später alles verdrängen wollte, wurde nur selten in ihrer ganzen Barbarei gezeigt. Mittlerweile durch das offenkundige Versagen der Ampelregierung, sind auch immer mehr Menschen im Westen unzufrieden mit den etablierten Parteien. Die Landtagswahlen in Hessen und Bayern belegen dies mit einer starken Zunahme der AfD. Wagenknechts neue Partei könnte nun hier für eine veränderte Parteienlandschaft sorgen. Die Linke, ehemals SED, dürfte weggeweht werden, was wohl niemanden besonders trifft. Auch hier kommunal in Brandenburg an der Havel, stehen die Schützlinge von Wagenknecht schon bereit. 20 Matadoren, früher allesamt Linke, angeführt vom ehemaligen Linken-Chef

Andreas Kutsche, wollen bereits bei den Kommunalwahlen antreten und in der SVV alles durcheinanderwedeln. Es bleibt spannend.

Erstaunlich, sowohl die AfD als auch die Wagenknecht-Partei sind bekannt für ihre prorussische Haltung und zeigen sich als Putin-Versteher. Also, alles wie gehabt – rückwärts in einen Staat, wie es die DDR einmal war. Sicher nicht so altbacken und verstaubt, aber mit vielen Ideen für ein neues Selbstbewusstsein der ehemaligen DDR-Bürger. In Thüringen könnte es schon zu einer Koalition zwischen den beiden Bewegungen kommen. Möglich ist da schon eine Mehrheit gegen die Etablierten. Wildern werden AFD und Wagenknecht in allen Parteien, Linke und FDP werden wohl parlamentsmäßig verschwinden. Freie Wähler können auch Blutverluste erleiden. Der Weg nach rechts ist geebnet – viele Anhänger der Wagenknecht-Sammlungsbewegung werden ihre Partei aber weder als links oder rechts empfinden, sondern vor allem als Attacke mit dem Stimmzettel gegen die Etablierten.

Die alte Bonner Republik, Helmut Kohl – die Stabilität der alten Ordnung ist dahin. Angela Merkel hat mit ihrer Flüchtlingspolitik-all-in die AfD, erst lebensfähig gemacht und nun beschwert sich ein Herr Steinmeier, mitverantwortlich für die Flüchtlingsexplosion, dass in Deutschland zu viele antisemitische Demonstrationen stattfinden. „Ja, Herr Steinmeier, das sind die zahlreichen Palästinenser, die Sie unkontrolliert ins Land ließen, die gegen Israels Politik hierzulande auf die Straße gehen. Lassen Sie bitte die deutschen Staatsbürger in Ruhe, die äußern sich bis auf wenige Ausnahmen nicht antisemitisch, Herr Bundespräsident." Schade, er kann noch nicht einmal differenzieren. Alles deutet darauf hin, dass die DDR niemals richtig untergegangen ist. Ein Versäumnis der deutschen Politik, die mit dem Abtreten von Helmut Kohl richtig spürbar wurde.

Als Journalist habe ich Erfolge im Westen nur mit meiner Satirenummer um den Schlecker-Opa aus der Havelstadt, die im Brandenburger Fernsehen erschienen ist, feiern können. Um die 1,5 Millionen Klicks bei YouTube, Berichterstattung in ganz Europa. Was zeigte dieser Erfolg: Da hatten die Wessis am meisten Spaß, wenn sie einen tollpatschigen Ost-Opa vorgeführt bekommen, der Toilettenpapier einsammelt. „So sind sie halt die Ossis", amüsierten sich die Wessis, ihr Vorurteil wurde bestätigt. Dass die arroganten Wessis das ganze Thema nicht verstanden haben, zeigt aber, wie wenig sie sich wirklich mit den Menschen im Ostteil Deutschlands beschäftigt haben.

Lassen wir mal die sozialen Medien außer Acht, so haben wir im Land Brandenburg eine beklemmende Situation in Sachen Meinungsvielfalt. Nehmen wir Brandenburg an der Havel – hier hat die MAZ mit ihrer Lokalausgabe mittlerweile eine Monopolstellung erreicht. Den kritischen Fernsehsender gibt es leider nicht mehr und online ist das Meeting-Point-Format ebenso unpolitisch wie das Anzeigenblatt. Allerdings schwinden auch die Abozahlen bei der SPD-nahen Heimatzeitung. Brandenburg mit dem skandalumwitterten RBB braucht auch dringend eine Medienoffensive.

Denn die rot-grün orientierten Medien tragen durch ihre einseitige Berichterstattung eine Mitschuld, dass sich der Osten immer mehr vom Westen abkoppelt. Die vorgezogene Bundestagswahl 2025 zeigte eindeutig das Eigenleben von Ostdeutschland. Dunkelblau präsentierte sich die politische Landschaft bei den Wahlkreisen.

Ein Szenario wie früher in der DDR. Die Zahlen sprechen eine eindeutige Sprache: In Brandenburg wählten (AfD, Linke, BSW) um die 56 Prozent extreme Parteien. Die Parteien der demokratischen Mitte spielten eigentlich keine Rolle mehr. Turmhoch siegte die AfD in Thüringen (40 % AfD) und in Sachsen mit dem Rekordwert um die 43 Prozent für die AfD.

Die Wähler im Osten haben mit den Altparteien aus dem Westen abgeschlossen, die Trennung ist auch ohne Mauer vollzogen.

Der Osten fühlt sich vom Westen nicht mehr verstanden. Auch international ist Deutschland in die Kritik geraten. Der amerikanische Vizepräsident J. D. Vance hat auf der Münchener Sicherheitskonferenz die „Brandmauer" gegenüber der AfD stark kritisiert und endlich Meinungsfreiheit gefordert. Diesen Weckruf haben die Altparteien um Merz & Co bis heute nicht verstanden. Sie sehen tatenlos zu, wie sich im Osten das Comeback der DDR immer stärker abzeichnet.

FOR AUTOREN A HEART FOR AUTHORS À L'ÉCOUTE DES AUTEURS MIA KAPΔIA ΓIA ΣYΓΓ
FOR FÖRFATTARE UN CORAZÓN POR LOS AUTORES YAZARLARIMIZA GÖNÜL VERELIM SZ
PER AUTORI ET HJERTE FOR FORFATTERE EEN HART VOOR SCHRIJVERS TEMOS OS AUTC
OINKÉRT SERCE DLA AUTORÓW EIN HERZ FÜR AUTOREN A HEART FOR AUTHORS À L'ECOL
AÇÃO ВСЕЙ ДУШОЙ К АВТОРАМ ETT HJÄRTA FÖR FÖRFATTARE À LA ESCUCHA DE LOS AUTO
MIA ΚΑΡΔΙΑ ΓIA ΣYΓΓPAΦEIΣ UN CUORE PER AUTORI ET HJERTE FOR FORFATTERE EEN
ERZŐINKÉRT SERCE DLA AUTORÓW EIN HERZ FÜ
OS A AUTOR ORAÇÃO ВСЕЙ ДУШОЙ К АВТОРАМ ETT HJÄRTA FÖ

Der Autor

Gerd Glaser wurde 1957 in Stuttgart geboren. Nach dem Abitur studierte der Autor Publizistik, Politik- und Rechtswissenschaften in Mainz an der Johannes-Gutenberg-Universität. Nach dem Studium durchläuft Glaser die verschiedensten Stationen: als Radiomoderator beim privaten Rundfunk, danach als Studioleiter Südwest beim deutschen Sportfernsehen, 12 Jahre als Chefreporter im Investigativbereich bei ProSieben, 12 Jahre als Chefredakteur beim Regionalsender Brandenburg, schließlich ein Jahr als Chefredakteur für das Wissensmagazin Welt der Wunder.

Bisherige Veröffentlichung: Der Sturz des Europakandidaten.

Das Beobachten des Zeitgeschehens und der investigative Journalismus sind die Leidenschaften des Autors.

Gerd Glaser ist geschieden und Vater eines Kindes.

novum VERLAG FÜR NEUAUTOREN

Der Verlag

*Wer aufhört
besser zu werden,
hat aufgehört
gut zu sein!*

Basierend auf diesem Motto ist es dem novum Verlag
ein Anliegen, neue Manuskripte aufzuspüren, zu veröffentlichen und deren Autoren langfristig zu fördern.
Mittlerweile gilt der 1997 gegründete und mehrfach
prämierte Verlag als Spezialist für Neuautoren in
Deutschland, Österreich und der Schweiz.

**Für jedes neue Manuskript wird innerhalb we-
niger Wochen eine kostenfreie, unverbindliche
Lektorats-Prüfung erstellt.**

Weitere Informationen zum Verlag und
seinen Büchern finden Sie im Internet unter:

www.novumverlag.com

novum ⬡ VERLAG FÜR NEUAUTOREN

Bewerten
Sie dieses Buch
auf unserer
Homepage!

w w w . n o v u m v e r l a g . c o m